ANNETTE SEEMANN

DIE GESCHICHTE DER HERZOGIN ANNA AMALIA BIBLIOTHEK

Mit zahlreichen Abbildungen
Insel Verlag

FRONTISPIZ: ANNA AMALIA VON SACHSEN-WEIMAR UND EISENACH
AM CEMBALO, MIT EINEM MOPS, DEM WAPPENTIER
DES »MOPSORDENS«. ÖLGEMÄLDE VON J. G. ZISENIS, UM 1769

Insel-Bücherei Nr. 1293
© Insel Verlag Frankfurt am Main und Leipzig 2007

»Dieses Reich war nicht von dieser Welt.
Es konnte einen in dieser Bibliothek unversehens
eine heftige Liebe zu Deutschland überkommen.«
Martin Mosebach[1]

VORWORT

* * *

Die Herzogin Anna Amalia Bibliothek in Weimar ist die wichtigste Bibliothek der deutschen Literatur zwischen 1750 und 1850. Forscher aus aller Welt nutzen ihre Bestände: 900 000 Bücher, Zeitschriften, Mikrofilme und andere Medien. Ihre Geschichte ist bewegend: Durch alle Brände und Kriegswirren über die Zeiten hinweg erhielt sich das ursprünglich aus der Renaissance stammende und im Rokoko umgebaute Schlößchen, das lange ihr Hauptsitz war, bis es am 2. September 2004 durch einen aufgrund maroder Elektrokabel entstandenen Schwelbrand in weiten Teilen ein Opfer der Flammen wurde. Diese Katastrophe machte die Bibliothek über Nacht weltbekannt. Ihre Wiedereröffnung steht nach der umfassenden Restaurierung kurz bevor (Oktober 2007).

Doch nicht nur das Gebäude, besonders auch die Buchbestände, Handschriften und Kunstgegenstände machten die Herzogin Anna Amalia Bibliothek schon im 19. Jahrhundert zu einem »Museum der Bücher«. Traurig ist daher, daß fast 50 000 wertvolle Bände bei dem Brand für immer verlorengegangen sind.

Auch die Vergangenheit war durch Neuerwerbungen und Verluste gekennzeichnet: In der frühen Zeit waren es die Erbteilungen unter den fürstlichen Söhnen, die zum Verlust beitrugen, waren es die Bücherliebe mancher Herrscher und bedeutende Schenkungen oder Ankäufe, die Vermehrung brachten.

Berühmte und hochgebildete Bibliothekare wirkten in der Bibliothek: Georg Neumark (1621-1681), Salomo Franck (1659-1725), Heinrich Leonhard und Konrad Schurzfleisch. Goethe nahm eine Sonderstellung ein, denn ohne je Bibliothekar gewesen zu sein, hatte er die Oberaufsicht über die Bibliothek 35 Jahre lang inne und war dadurch mit allen Angelegenheiten und Anschaffungen vertraut.

Ab dem 19. Jahrhundert war die Bibliothek der Erinnerungsort für die Protagonisten der Weimarer Klassik und ihrer Förderer aus dem Sachsen-Weimarischen Fürstenhaus; nicht umsonst war die Goethefeier am 28. August 1849 in der Bibliothek die bedeutendste Goethefeierlichkeit überhaupt, weil nur sie an einem authentischen Ort des Goethischen Wirkens stattfand.

Hier sammelte man ab 1933 die beschlagnahmten Bücher der im Nazi-Staat unliebsamen Bibelforscher und Sozialdemokraten und vernichtete Schriften, hier wurden nach 1945 andere Bestände wiederum unter Verschluß genommen.

Dieser Band erzählt die Geschichte der Bibliothek von den Anfängen als fürstliche Büchersammlung bis zur heutigen Zeit als moderne Forschungsbibliothek.

Bei der Arbeit unterstützten mich alle Mitarbeiter der Herzogin Anna Amalia Bibliothek, besonders aber Dr. Michael Knoche, Walther Grunwald, Günter Burgmann und mein Mann. Ihnen allen schulde ich Dank.

DIE ANFÄNGE DER WEIMARER BIBLIOTHEK: DIE FÜRSTLICHE BÜCHERSAMMLUNG

✷ ✷ ✷

Die Weimarer Bibliothek hat ihren Ursprung in einer jahrhundertelang von Erbteilungen, Bränden und anderen Verlusten bedrohten Büchersammlung, die andererseits immer wieder durch Ankäufe, Schenkungen oder Erbschaften vermehrt wurde. Weimar war 1547, nach dem Schmalkaldischen Krieg, ständige Residenz der Ernestiner geworden. Doch statt ihre Bücherschätze an einem Ort zu konzentrieren, transportierten die fürstlichen nichtregierenden Familienmitglieder ihre privaten Büchersammlungen immer wieder auch in die herrschaftlichen Schlösser, die sie benutzten, nach Gotha, Jena oder Altenburg. Am 2. August 1618 brannte das Weimarer Schloß fast ganz ab, wodurch auch ein großer Teil der Büchersammlung vernichtet wurde, die vermutlich der 1605 verstorbene Herzog Johann und seine Gemahlin angelegt hatten.

Nur die Büchersammlung eines der acht Söhne von Herzog Johann, Johann Ernsts d. J., des regierenden Herzogs, wies eine einheitliche Gestaltung auf, einen braunen Ledereinband mit Goldprägungen, dem herzoglichen Wappen, den Initialen des Herzogs sowie der Jahreszahl. Just diese Bücher entgingen der Vernichtung durch den Brand, da sie sich zu diesem Zeitpunkt nicht mehr im Residenzschloß befanden, sondern in dem von Herzog Johann Ernst und seinem Bruder genutzten Grünen Schlößchen, einem Renaissance-Gartenschloß.

Herzog Johann Ernst fiel im 30jährigen Krieg, seine Bücher-

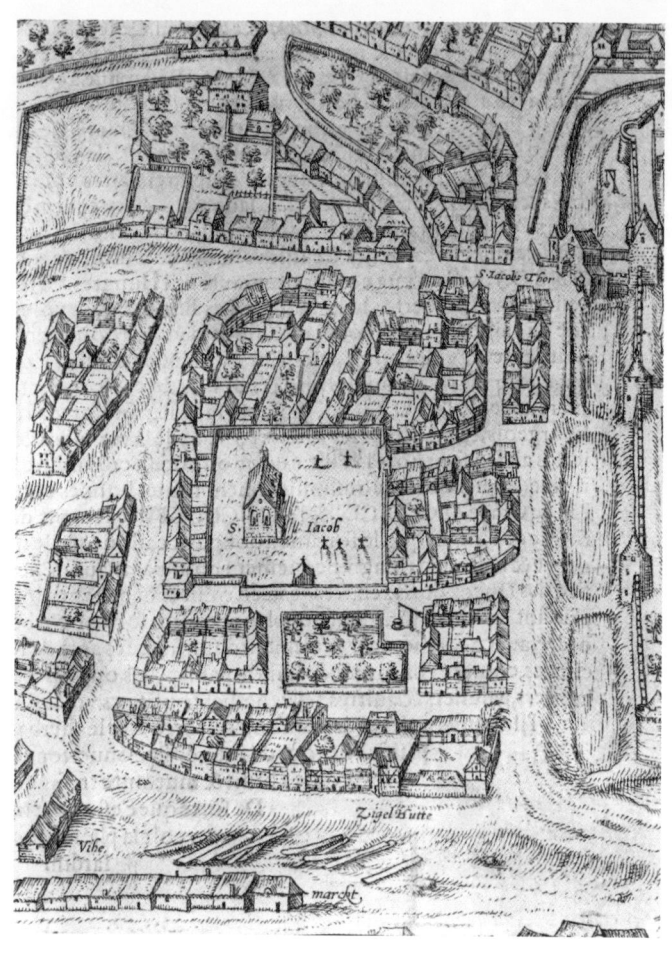

PLAN VON WEIMAR AUS DER VOGELSCHAU, 1569

sammlung erbten seine zahlreichen Brüder. 1633 tat die sogenannte Erfurter Teilung unter die vier verbliebenen Brüder Wilhelm IV., Albrecht, Ernst und Bernhard ihr übriges, um Johann Ernsts Nachlaß und damit auch seine Bücher zu zerstreuen. Die Bücher der oft von Weimar abwesenden Herzöge wurden nun in ein anderes Gebäude verbracht, das Rote Schloß. Der regierende Herzog war in dieser Zeit Wilhelm IV., der sich ein Verzeichnis seiner 87 Bände umfassenden Handbibliothek anlegen ließ.

Erst 1635 – die Herzöge Wilhelm IV. und Ernst hatten sich über den Prager Frieden aus dem 30jährigen Krieg zurückgezogen – konnte überhaupt wieder an ein ruhigeres Leben in Weimar und damit auch an die Büchersammlung gedacht werden, und schon wenig später, 1636, trat mit Andreas Rudolff erstmals ein Mann seinen Dienst in Weimar an, der neben dem Amt des Kammerdieners auch das des Bibliothekars versehen sollte. Unter Rudolff wechselten die Bücher erneut ihren Platz, wiederum wählte man das Grüne Schlößchen als Standort, denn Herzog Ernst wollte sie in seinen Privaträumen um sich haben.

Das Grüne Schlößchen – seit langem schon rätselt man über den Grund für diesen Namen. Grün war natürlich der es umgebende Garten, angeblich soll es grüne Arkaden gehabt haben, doch niemals war es außen oder innen grün angestrichen. Erst die allerjüngsten Bauforschungen glauben, das Geheimnis gelüftet zu haben: Im Erdgeschoß, dessen Renaissancegewölbe erst heute wieder als solche zu erkennen sind, nachdem sie seit 1936 als Lesesaal und Archiv baulich vollkommen unkenntlich gemacht worden waren, fanden sich bei der Restaurierung und Sanierung grüne bleiglasierte Fliesenreste, mit denen die das Gewölbe tragenden Pfeiler der Renaissancesäle damals bedeckt waren.

1562-65 hatte sich Johann Wilhelm, der Bruder des regierenden Herzogs, das Grüne Schlößchen als Wohnsitz errichten lassen. Er hatte in einem Feldzug in Frankreich gekämpft und nahm sich daher möglicherweise das Schloß in Chatillon zum Vorbild für das Gebäude. Nicol Gromann, bedeutender Renaissancebaumeister in Sachsen, war in den 1540er Jahren nach Weimar gekommen. Er sollte die mittelalterliche Burg Hornstein zu einem Renaissanceschloß umbauen. Es wird vermutet, daß neben anderen Bauaufgaben auch das Grüne Schlößchen von ihm konzipiert wurde.

Schon von Anfang an war das Gebäude dreigeschossig, seine Fassaden waren mit Freskomalerei versehen, eine Arkadenfront im Untergeschoß gliederte es, ein ausgedehnter Garten schloß sich an. Im ersten Stock war ein hölzerner überdachter Umgang der sogenannte »Spaziergang«, der es den Bewohnern möglich machte, auch bei schlechtem Wetter in frischer Luft zu flanieren.

Die in Sachsen-Weimar üblichen Erbteilungen bewirkten in der Folge nicht nur Landesteilungen, sondern jeweils auch eine Aufteilung der Buchbestände. Eine solche erfolgte zum Beispiel 1640, als Herzog Ernst bei seiner Übernahme des Herzogtums Gotha natürlich »seine« Bücher mitnahm. Übrig blieb in einem der kleinsten Fürstentümer Deutschlands die Büchersammlung Herzog Wilhelms IV. von Sachsen-Weimar (1598-1662), die der Herrscher ab sofort im Residenzschloß aufbewahrte.

Wilhelm IV. war es auch, der im Rahmen der sogenannten *Fruchtbringenden Gesellschaft* zur Bewahrung der deutschen Sprache vor Überfremdung ab 1651 eine hervorragende Rolle spielte. Die Mitglieder der nach Vorbild der italienischen *Accademia della Crusca* von Fürst Ludwig von Anhalt-Köthen im

GRÜNES SCHLOSS. RENAISSANCEFASSADE (IM ORIGINAL MIT AUFKLAPPBARER INNENANSICHT). AQUARELL UM 1770

Grünen Schloß gegründeten Gesellschaft sahen sich als Ordensbrüder, ihr Symbol war ein Palmbaum, daher nannten sie ihre Vereinigung auch Palm(en)orden. 1668 verzeichnete Georg Neumark, der ab 1652 Bibliothekar in Weimar war, in seinem *Neusprossenden Teutschen Palmbaum* 890 Mitglieder des Ordens, und möglicherweise waren es sogar noch mehr. Etliche der Ordensmitglieder veranstalteten Gemeinschaftsveröffentlichungen, die sie auch an die Weimarer Bibliothek sandten – somit trug der Orden auch zur Bestandsvermehrung der Bibliothek bei und war über Jahrzehnte hinweg ein Forum des lebendigen Austauschs sprachbewußter Adliger mit bürgerlichen Gelehrten oder Literaten.

Sein Engagement als Oberhaupt und »Fruchtbringer« der Gesellschaft verschaffte Herzog Wilhelm IV. von Sachsen-Weimar und seinem Hof zusätzliches Ansehen. In Neumarks Worten in der Einleitung zum *Neusprossenden Teutschen Palmbaum* wird auch ein moralischer Aspekt dieses Einsatzes gelobt:

»Und ist dieses freylich ein grosses, und dem Allgemeinen besten sehr zuträgliches Lob, wenn Potentaten, neben ihren hohen Reichsgeschäften, und andern Heldenverrichtungen, auch zugleich heilsame, und zur christlichen Regimentskunst, und recht-Fürstlichem Leben, wohldienende Schrifte lesen, die Wissenschaft, Kunst und Tugend gnädig lieben ehren und wohlthätig beehren.«[2]

Wilhelms IV. neues Amt führte schließlich dazu, daß auch die Buchnachlässe einiger Ordensmitglieder an den Weimarer Hof und damit in die fürstliche Bibliothek gelangten, deren Umfang wie auch Ansehen rasch wuchs. Mindestens zehn Jahre lang stand Georg Neumark, der auch als Dichter zahlreicher Kirchenlieder hervortrat, so des berühmten *Wer nur den lieben Gott läßt walten*, als Bibliothekar im Amt, und er fertigte in dieser Zeit (belegt für 1657) das Inventarverzeichnis zumindest eines Bibliotheksraums an.[3] Nimmt man alle Bücher Herzog Wilhelms IV. zusammen, auch die musikalischen, so geht man für die 1660er Jahre etwa von 1000 bis 1200 Bänden, dazu zahlreichen Landkarten und Kupferstichen aus. All diese Werke waren in dem ab 1651 im Barockstil neu aufgebauten Teil des Residenzschlosses untergebracht.

Erneute Aufteilungen der Buchbestände nach dem Tode Herzog Wilhelms IV. unter seine vier Söhne führten zu einer starken Reduktion der in Weimar verbleibenden Bestände: Der in Weimar jetzt regierende Erbe, Johann Ernst II., konnte nur noch auf eine Sammlung von 310 Bänden, darunter 80 Musikalien und einige Kupferstiche und Landkarten zurückgreifen; Buchbesitz und Buchbenutzung interessierten ihn nicht. Sein Sohn Wilhelm Ernst jedoch (1662-1728), der zunächst gemeinsam mit seinem Bruder Johann Ernst III. regiert hatte und ab 1694 mit seinem Neffen in Sachsen-Weimar sich in diese Verantwortung teilte, maß Büchern, ihrem Wert und den in ihnen enthaltenen Inhalten, der Bildung und Kultur überhaupt, großen, vor allem staatsrepräsentativen Wert zu. Dieser eigenwillige Herrscher gilt als eigentlicher Begründer der Weimarer Bibliothek, und auch sonst förderte er die Weimarer Kulturentwicklung.

1691 öffnete dieser Fürst seine Bibliothek, allerdings sehr eingeschränkt, für die Öffentlichkeit – dieses Datum wird somit als ihre eigentliche Geburtsstunde angesehen. Mit der Betonung von Bildung und Gelehrsamkeit wollte er nichts Geringeres erreichen, als seinen kleinen Staat als Gelehrtenrepublik, als »res publica literaria«[4], bekannt zu machen. Zu diesem Zweck engagierte er 1706 den Polyhistor Konrad Samuel Schurzfleisch als Bibliothekar. Der als Staatsrechtler, Politikhistoriker und Geograph forschende und veröffentlichende Schurzfleisch hatte in Wittenberg den Lehrstuhl für Poesie, später für Geschichte, ab 1680 für Eloquenz inne. Er reiste europaweit, knüpfte Beziehungen zu wichtigen Bibliothekaren etwa in Florenz und Wien, verglich in den auswärtigen Bibliotheken die wichtigsten Handschriften und Bücher miteinander, besuchte Buchauktionen – kurz, seine Weimarer Anstellung diente wohl eher dem Fürsten als ihm selbst, zumal Schurzfleisch nur in seinen Ferien die Bibliothek aufsuchen und wirksam für sie werden konnte.

Stellt man sich die Frage, welche der prominenten Sammlungswerke der Weimarer Bibliothek schon in dieser frühen Zeit vorhanden waren, so stößt man auf die bedeutenden Frühdrucke oder Inkunabeln, heute insgesamt 450 Titel, damals waren es jedoch weniger. Unter ihnen ragt die *Schedelsche Weltchronik* in lateinischer und deutscher Sprache hervor. Sie gehört zu den Kostbarkeiten der Herzogin Anna Amalia Bibliothek, deren Inkunabelsammlung Texte der Antike in lateinischer und griechischer Sprache, Bibeln, Chroniken und historische Erzählungen sowie theologische, philosophische, juristische, mathematische und medizinische Werke umfaßt. Sehr selten sind etwa die *ars memorandi* von 1470, die *Sachsenchronik* des Konrad Botho von 1492 und die Bibeln des Nürnberger Druckers Anton Koberger sowie illustrierte Ausgaben antiker Autoren.

Schon früher als Schurzfleisch, 1701, war ein weiterer bedeutender Literat als Oberkonsistorialrat und Bibliothekar in Weimar angestellt worden, der ausgebildete Jurist und Dichter Salomo

KONRAD SAMUEL SCHURZFLEISCH

Franck (1659-1725), auch er Mitglied der *Fruchtbringenden Gesellschaft*. Bekannt geworden sind seine *Geistliche Poesie*, vor allem aber auch seine Zusammenarbeit mit Johann Sebastian Bach, der in Weimar zwischen 1708 und 1717 Kammermusiker und Hoforganist war. Auf Franck gehen vor allem Texte für die Bachschen Kantaten zurück.

Wilhelm Ernst konnte kurz vor Schurzfleischs Berufung dank seiner vorzüglichen bibliophil beschlagenen Berater zwei äußerst wertvolle Privatbibliotheken ankaufen, ein Novum in der Weimarer Bibliothekspolitik, nämlich die Sammlungen Lilienheim (1701) und Logau (1704) – die letztere umfaßte 6687 Bände und kostete 15 000 Taler. Die 1000 Bände starke Büchersammlung des Polyhistors Marquard Gude (1706) erwarb dann Konrad Samuel Schurzfleisch im Auftrag seines Herzogs. 1708 starb Schurzfleisch, und sein jüngerer Bruder Heinrich Leonhard folgte ihm im Amt des Weimarer Bibliothekars nach. Er prunkte mit diesen Erwerbungen und dem universalen Charakter der Sammlung in seinen 1712 abgefaßten Notizen über die Weimarer Bibliothek, die inzwischen drei Räume im Weimarer Schloß einnahm. Schurzfleischs Beschreibung der damaligen Räumlichkeiten ist sehr positiv: »Wenn ich den Ort betrachte, den ihr der königliche Fürst zuwies, konnte keiner der in Frage kommenden großzügiger und zweckmäßiger ausgewählt werden, keiner sicherer vor Gefahren von Feuerbrünsten, durch die schon vor Zeiten die Alexandrinische, die Byzantinische und etliche Römische von den Flammen verzehrt wurden, mit einem Wort: die Lage, die Anmut, das Fassungsvermögen, wenn sie etwas zum Ganzen beitragen: nichts ist geschmackvoller als dieser Ort.«[5]

Auch zahlreiche Portraits der sächsischen Fürsten sollen schon damals die Reihen der Regale unterbrochen haben, und zudem kaufte Wilhelm Ernst zur selben Zeit, als er die Privatbibliotheken erwarb, weitere Gemälde sowie Münzen. Diese wurden zusammen mit den Büchern untergebracht, denn all diese Luxusgegenstände waren letztlich dem gleichen Zweck gewidmet: Bücher dienten zur damaligen Zeit durchaus der Repräsentation, denn sie waren aufgrund ihrer kostbaren Materialien und teuren Herstellungskosten auch eine wertvolle Geldanlage.

Nach dem Tod Heinrich Leonhard Schurzfleischs, des fürstlichen Lobredners (für die in Auftrag gegebene Eloge hatte er übrigens die Druckkosten in Höhe von 1000 Talern selbst zahlen müssen[6]), im Jahr 1722 äußerte sich die fürstliche Gier nach Vergrößerung der musealen Bibliothek in recht drastischer Weise:

Der Jüngere, der keineswegs das intellektuelle Profil seines um 20 Jahre älteren Bruders besessen hatte, hatte sich ab 1713 nach Aufgabe des Universitätsamts in Wittenberg ganz der Tätigkeit des Bibliothekars in Weimar gewidmet und sich mit der vom Bruder ererbten Privatbibliothek dort angesiedelt. Diese war mit geschätzten etwa 7000 Bänden ein wahrer Schatz an Publikationen des 16. und 17. Jahrhunderts bis zum Tode Konrad Samuels. Ihr Wert wurde auf 15 000 Reichstaler geschätzt (zum Vergleich: Schurzfleisch verdiente als Bibliothekar in Weimar 500 Reichstaler im Jahr). Seine Versuche, in seinen letzten Lebensjahren, als er lange krank war und aufwendige Behandlungen bezahlen mußte, Bücher aus seiner Sammlung zu verkaufen, kamen Wilhelm Ernst wohl zu Ohren, der 1721 mit Schurzfleisch über den Erwerb der Büchersammlung ins Gespräch kommen wollte. Nachdem der Fürst jedoch die Kaufsumme erfuhr, setzte er urplötzlich eine Kommission ein, die die Amtsführung Schurzfleischs als Bibliothekar untersuchen sollte, und ermittelte, daß Schurzfleisch durch Dublettenverkäufe auch seltene und wertvolle Bücher veräußert hatte und mithin durch sein Vorgehen ein materieller Schaden in Höhe von 250 Talern entstanden sei. Zwar ergab es sich, daß der Tauschhandel mit den Dubletten auf fürstlichen Befehl erfolgt war; doch trotzdem beschloß der Herzog, kurz bevor der schwerkranke Schurzfleisch die Bücher auf einer Auktion in Leipzig zu seinen Gunsten veräußern konnte, deren Beschlagnahmung und behauptete, Schurzfleisch sei das Amt des Oberbibliothekars oder Supernumerars nur unter der Bedingung erteilt worden, seine Büchersammlung an die Herzogliche Bibliothek zu vererben, wofür es jedoch keinen Beleg gibt. In einem Vergleich erhielten die Erben Schurzfleischs nach dem wenig später erfolgten Tod Schurzfleischs eine Kompensation, die weniger als ein Zehntel des Wertes der Bibliothek ausmachte.

Die Sammlung Schurzfleisch bedeutete natürlich nicht nur eine große Wertsteigerung, sondern auch eine gewaltige Vermehrung des Bestands auf nun 18 000 Bände.

Als Nachfolger im Amt des Bibliothekars wurde erneut ein Gelehrter ausgewählt, der seit 1714 am Weimarer Gymnasium als Konrektor bestallte Johann Matthias Gesner (1691-1761). Der bedeutende Pädagoge und Philologe war zunächst ausschließlich für die Bibliothek Schurzfleisch zuständig, die, wie auch die anderen angekauften Privatbibliotheken und die fürstliche Handbibliothek, nach wie vor gesondert aufgestellt und nicht systematisiert war. Nur das gute Lokalgedächtnis des Bibliothekars verhalf einem suchenden Leser damals zu Büchern – oder eben nicht. Schon damals (1723) regte eine Bibliothekskommisssion an, daß ein einheitlicher Katalog erstellt werden sollte, der die

Bücher in alphabetischer Ordnung (Nominalkatalog) bzw. nach einer Systematik der Fächer (Realkatalog) verzeichnete. Gesner widmete sich zwar dieser ihm gestellten Aufgabe, doch auch er war im Hauptberuf anderweitig tätig und hatte daher nur begrenzte Zeit für die Bibliotheksarbeit; andererseits konterkarierte er seine systematischen Bemühungen immer wieder durch die Einarbeitung zahlreicher Neuzugänge in eine Teilsammlung, die Sammlung Logau. Wie schon seine Vorgänger veräußerte er Dubletten, um auf diesem Wege Neuerwerbungen zu finanzieren oder zu ertauschen, denn einen eigenständigen Etat besaß die Bibliothek noch nicht.

Zu seinem Fürsten Wilhelm Ernst, wie überhaupt zu Hofleuten hatte er, auch aufgrund seiner weltmännischen Formen, ein sehr gutes Verhältnis. Er lobte den Landesherrn, der seine Bibliothek, »gleichsam eine Kornkammer, ja sogar eine reichlich gefüllte Schatzkammer«[7], den Lesern geöffnet habe, auf daß sie sich durch wissenschaftliche oder schöne Kenntnisse bereicherten. In einer Eloge auf die Bibliothek redet der Bücherfreund Gesner selbst die unrechtmäßige Aneignung der Sammlung Schurzfleisch schön:

»... Auch dieser Schatz fand hier erwünschte Ruhestätte,
Und läufft nun weiter nicht Gefahr
Verkaufft, zertheilt, zerfleischt, zertrümmert und zerrissen,
Theils nach dem feuchten West, theils nach
                dem rauhen Nord,
Theils nach dem heißen Süd, und fernen Ost zu müssen,
Er ist mit mir vereint, und in dem sichern Port.«[8]

Das Fürstenlob war für den passionierten Bücherfreund Gesner jedoch nur die diplomatische Einleitung eines Wunsches nach Aufbesserung der Bibliotheksverhältnisse, nach Zeit und Geld, um die ungeordnete Bibliothek in einen besseren Zustand zu versetzen. Auch dieses Anliegen brachte er in metrische Form und läßt die Bibliothek als Frau selbst sprechen:

»Ich bin jetzunder nicht gar lieblich anzuschauen,
Weil ich im putzen bin: Die Haare sind zerstreut,
Der Leib nicht eingeschnürt, die Kleider zwar zugegen,
Doch nicht an ihrem Orth: Herr, habe nur Gedult,
Ich will in kurtzer Zeit mir Deinen Schmuck anlegen,
So daß ich auch dadurch verdiene deine Huld.«[9]

Und warum soll der Fürst Geduld und Geld aufbringen? Gesner legt der Bibliothek in den Mund, daß ihre Förderung ein wesentlicher Baustein zur Unsterblichkeit des Herzogs wäre:

»Wenn man, wo Weimar liegt, auch nur auf Charten weiset,
Wird, theurster Vater, auch zu Deinem Ruhm bewegt. ...
Ich mache, daß von Dir die Nach-Welt nimmer schweigt.
Dein Nahm' ist auch durch mich der Sterblichkeit entrissen,
O könnt' ich dieses auch an Deinem Leibe thun,
So würde Weimar nie den besten Fürsten missen,
Biß zu der Tage Ziel in Deinem Schatten ruh'n ...«[10]

Erneut war der Tod des Fürsten, diesmal Wilhelm Ernsts im Jahr 1728, auch ein Einschnitt in der Bibliotheksentwicklung. Herzog Ernst August, sein Neffe und Nachfolger, war wohl begabt, aber hochgradig launisch und vom sogenannten »Bauwurm« befallen. Unter seiner Regierung kam das kleine Fürstentum an die Grenzen seiner finanziellen Belastbarkeit, und selbst bei Schwarzkünstlern suchte der Fürst Hilfe, um sich Geld zu verschaffen. Er spannte auch Gesner ein, die Goldmacher auf ihre Kenntnisse hin zu überprüfen, was zu einer Bestrafung dieser Schwindler führte: Gesner kannte die in Betreff stehende Goldformel aus der Literatur und hatte nachweisen können, daß sie sich in allen Experimenten bislang als unwirksam erwiesen hatte. Der Fürst hätte dankbar sein sollen, und deshalb war Gesner höchst überrascht, als ihm 1728 zu Ohren kam, der Fürst erwäge seine Entlassung. 1729 mußte er Weimar verlassen, was jedoch auf Dauer nicht von Nachteil für den hochbegabten Mann war, der später in Göttingen als Oberbibliothekar der neugegründeten Universitätsbibliothek Entscheidendes leistete.

Die Bibliothek hingegen geriet mit Gesners Weggang in eine schwere Krise. Sein Nachfolger Justin Heinrich Foeckler war mit der Situation überfordert und konnte nicht einmal die Neuzugänge an Büchern im Katalog einarbeiten. Nach seinem Weggang 1743 wurde die Bibliothek wie auch das Münzkabinett sogar vorübergehend geschlossen und versiegelt.

Ein Zeitgenosse, Christian Wilhelm Schneider, resümiert diese für die Bibliothek schwierige Phase:

»Der berühmte Herr Hofrath Johann Matthias Gesner hatte …, da er die Bibliothek, bey seinem beschwerlichen Schulamte, wöchentlich nur zweymal, nemlich Mittwochs und Sonnabends nachmittags besuchen konnte, die Bücher unter seiner Aufsicht größten Theils von Schülern aufzeichnen und den Katalogus durch diese schreiben lassen; andern Theils war seit dem im Jahr 1728 geschehenen Abgang dieses verdienten Mannes von hier außer dem wenigen, was der selige Hofprediger Bartholomaei hierin gethan hatte, von den seit länger als 20 Jahren angeschafften Büchern nichts in den Katalogen eingetragen, auch viele Bücher durch die nach dem seligen Gesner gefolgten Bibliothekare von den im Katalogen ihnen angewiesenen Stellen an ganz andere Plätze versetzt worden.«[11]

DIE WEIMARER BIBLIOTHEK UNTER ERNST AUGUST II. CONSTANTIN UND ANNA AMALIA: KONSOLIDIERUNG UND UMZUG IN EIN EIGENES GEBÄUDE

✢ ✢ ✢

Eine Wende zum Guten zeichnete sich erst nach dem Tod Ernst Augusts (1748) ab. Sein Sohn und Erbe Ernst August II. Constantin war zu diesem Zeitpunkt erst 11 Jahre alt, und eine obervormundschaftliche Regierung unter Friedrich III. von Sachsen-Gotha und Franz Iosias von Sachsen-Coburg übernahm die Landesadministration. In den ersten beiden Jahren dieser Regierung wußte niemand, wer in der Bibliothek für welche Aufgaben zuständig war.

Doch 1750 wurde dann mit Wilhelm Ernst Bartholomaei ein schon seit längerem mit Bibliotheksangelegenheiten befaßter Mann als Bibliothekar eingestellt.

Der Theologe, der auch seinen jüngeren Bruder Johann Christian bald in die Arbeit einbezog, erreichte es, daß erstmals in der Geschichte dieser fürstlichen Büchersammlung ein fester Etat von 300 Talern pro Jahr zum Erwerb und Erhalt sowie für Bibliotheksgehälter zur Verfügung stand. Allerdings sollte dieser Betrag auch die angeschlossenen Sammlungen, also das Münzkabinett, die Bilder-, Kunst-, Naturalien-, Büchsen- und Musiksammlung finanzieren.

Johann Christian Bartholomaeis ordnungsliebender Geist wirkte segensreich für die Weimarer Bibliothek. Er konnte alle seine Vorschläge durchsetzen. Ab sofort durfte jeder Bürger, der in Weimar fest angestellt war, Bücher für vier Wochen ausleihen, Auswärtige benötigten hierfür die Zustimmung der Bibliothekskommission. Eindrucksvoll ist sein in zwanzigjähriger Arbeit entstehendes Großprojekt, das der jüngere Bruder Wilhelm Ernst Bartholomaeis erst 20 Jahre später abschließen sollte und das mit vier ersten Bänden 1756 gebunden vorlag: Der in 60 Imperialfoliobänden verfaßte handschriftliche Realkatalog, der den gesamten Buchbestand der Weimarer Bibliothek in sieben Hauptgruppen und unzählige Unterklassen ordnete. Christian Wilhelm Schneider würdigte diesen bedeutenden Bibliothekar 1778 so:

»Am stärksten aber war er in der älteren und neueren Gelehrtengeschichte und Bücherkenntnis, worin ers zu einer Vollkommenheit gebracht hatte, die wenige erreichen, so, daß man gewisser Massen von ihm, wie vormals von dem berühmten Bibliothekar Magliabecchi zu Florenz, sagen konnte, daß er eine lebendige Bibliothek sei.«[12]

Johann Christian Bartholomaei war auch in der Erwerbungspolitik von neuem Geist beseelt, er wollte den alten Bestand in sinnvoller Weise ergänzen und neue Werke anschaffen. Auf seine Initiative hin wurde die 1200 Bände umfassende Katechismussammlung des Theologen Caspar Binder erworben.[13] Offenbar war seine Strategie der gezielten Bestandsergänzung so überzeugend, daß der junge Herrscher Ernst August II. Constantin im Februar 1758 einen ausschließlich der Bibliothek und dem Buchbestand gewidmeten erhöhten Jahresetat von 400 Reichstalern beschloß, während die übrigen Kunst- und Rara-Sammlungen insgesamt 300 Reichstaler pro Jahr erhielten. Durch diese Entscheidung wurde der Bibliothek erstmals eine bevorzugte Stellung eingeräumt, und nur wenige Jahre später sollte sich für sie

DER ROKOKOSAAL VOR DEM BRAND

mit dem Umzug in ein eigenes Gebäude die wahrhaft neue Epoche, die eine Aufwertung ungeahnter Art mit sich brachte, ankündigen.

Wenige Monate nach der Festlegung des Bibliotheksetats war der immer kränkliche Ernst August II. Constantin tot. Anna Amalia, die Wolfenbütteler Prinzessin aus dem kultivierten Fürstenhaus, seine 18 Jahre alte Witwe, hatte einen einjährigen Sohn, erwartete ihr zweites Kind und kämpfte furchtlos um die Obervormundschaft über ihre Kinder und die Möglichkeit, das Land Sachsen-Weimar-Eisenach bis zur Volljährigkeit des ältesten Prinzen zu regieren. Sie ließ sich in das Geheime Consilium einführen und hatte während der nun waltenden Kriegsumstände (der Siebenjährige Krieg von 1756-1763) ständig wichtige Entscheidungen zu treffen. Die junge Herzogin war gebildet, belesen, musikalisch, sie war ein Kind der europäischen Aufklärung und umgab sich gerne mit geist- und kenntnisreichen Menschen. Und vom häuslichen Hof in Wolfenbüttel her kannte sie natürlich die Vorzüge wohlsortierter Bibliotheken – sowohl die reichhaltige Privatbibliothek ihrer Mutter Philippine Charlotte wie die heute als Herzog August Bibliothek bekannte öffentliche Bibliothek waren die sie prägenden Vorbilder. Letztere war damals die wahrscheinlich reichhaltigste Bibliothek nördlich der Alpen.

Als in Anna Amalia daher 1760 der Wunsch aufkam, über die drei der Fürstlichen Bibliothek gewidmeten Räume im Ostflügel der Wilhelmsburg anders zu verfügen, stellte sich ihr selbstredend auch die Frage nach einem neuen Bibliotheksstandort. Ein separates Gebäude würde die erwünschte öffentliche Nutzung begünstigen, denn Buchwissen, welches zur damaligen Zeit explosionsartig anwuchs, sollte allen Einwohnern der Residenz zugute kommen und jeden an seinem Platz in seinem Tun zu besseren Leistungen und größeren Erkenntnissen führen. Außerdem, so argumentierte die Herzogliche Kammer, die den Plan unterbreitete, würde ein ansprechendes Bibliotheksgebäude schon an sich dem Prestige des Herzogtums dienen: »Bei dieser Gelegenheit, da die Bibliothek wirklich zum Lustre des Allhiesigen Fürstlichen Hauses ist, und seither nicht ganz gut gestanden, (…) erfordert somehr die Notwendigkeit selbige von dem bisherigen Orte weg an einen anderen genugsam vorher dazu aptierten Platz zu bringen …«[14]

Ein eigenes Gebäude also, und dieses Gebäude existierte, es war ungenutzt, es war in Sichtweite des Schlosses: Die Herzogliche Kammer schlug Anna Amalia das kleine Renaissanceschlößchen, zweihundert Meter entfernt von ihrem Domizil, vor und betrieb die Bauplanung sehr rasch, denn so altmodisch, wie sich das im Jahrhundert davor auch als Waffenkammer und Aufbahrungsstätte genutzte Schlößchen darbot, konnte es nach Meinung aller Beteiligten die Büchersammlung nicht aufnehmen.

Eine grundsätzliche Sanierung bedeutete damals nicht den denkmalpflegerischen Erhalt des bisherigen Gebäudes, sondern seine grundlegende Modernisierung, was auch die Umwandlung des Äußeren meinte. Der sich anbietende modische Baustil war das Rokoko, in diesem Sinne plante der am Bau der Dresdner Frauenkirche beteiligte Johann Georg Schmid die Transformation des Renaissanceschlosses. August Friedrich Straßburger, zwar seines Zeichens Landesbaumeister, doch weniger bedeutend als Schmid, sollte den eingereichten Entwurf daraufhin im Detail überarbeiten – wahrscheinlich, weil im Entwurf Schmids nicht genügend Regalfläche für die immer wachsende Büchermenge vorgesehen war. Die Vorschläge wurden der Herzogin vorgelegt, die sich ausdrücklich die Entscheidung in dieser Sache vorbehalten hatte, dies war unüblich. Ein männlicher Fürst wurde wohl in Bauplanungen einbezogen, entschied auch, wenn er über Reisen und Studien die notwendigen Kenntnisse erworben hatte, von Fürstinnen ist derartiges Interesse jedoch nicht bekannt und bei Anna Amalia nur im Hinblick auf diesen einzigen Bau, die Bibliothek, belegt. Einerseits maß sie wohl dieser Institutionalisierung einer bislang eher fürstlich-privaten Anstalt eine besondere Bedeutung zu, andererseits behauptete sie wahrscheinlich gerade auf diesem Sektor, ausgehend von ihren Erfahrungen mit der Wolfenbütteler Bibliothek, klare Kompetenz.

Beide Architekten sprachen sich deutlich gegen eine Bibliothek als reines Büchermagazin aus, denn was der bisherigen Bibliothek ja aufgrund ihrer Aufstellung in den Schloßräumen vollkommen gefehlt hatte und alle wichtigen Bibliotheken im In- und Ausland auszeichnete, war ein zentraler, repräsentativ gestalteter Raum. Ein Schausaal.

Schmid kam auf die Idee, für den Schausaal die Geschoßgrenzen abzuschaffen; ein Saal, der über mehrere Geschosse ging, ein Haus im Haus (oder Schloß), eine eingebaute hohe Schachtel war die Idee. Ihre Form sollte, denn eine solche verdeutlichte Pathos oder Feierlichkeit, das Rund oder Oval sein. Anna Amalia mag sich gesagt haben: Genau so ist es auch in Wolfenbüttel, also soll es auch hier so sein.

In Weimar entschied man sich statt für den Rundbau à la Pantheon für ein Oval, erinnernd an sakrale Räume, protestantische Hallenkirchen.

Straßburger hatte den Schmidschen Entwurf in diesem Sinne

DETAILANSICHT DES ROKOKOSAALS VOR DEM BRAND

überarbeitet, und er sah auch noch in den Pfeilerzwickeln Bücher-»Repositorien« sprich: Regale vor, die dem in der Zukunft dräuenden Bücheransturm Platz bieten würden (im 19. Jahrhundert sollte sich die Zahl der Bücher verdreifachen).[15] Es entstand eine Art von Zwitter zwischen Schausaal und Magazinierung, und wahrscheinlich war es dieser Pragmatismus, der Straßburger dann den Auftrag sicherte, das Grüne Schlößchen umzubauen.

Dieses stand damals ganz frei, es existierte weder der Verbindungsbau von Gentz/Goethe (1805) zum ehemaligen Stadtbefestigungsturm (errichtet 1453, 1825 ausgebaut), noch der Coudraysche Anbau von 1849. Allerdings waren dem Schlößchen benachbart ein Stall und der Zimmererplatz des Hofes, beide wurden bald nach 1766 beseitigt.

Auch der allgemeine Raumeindruck war damals ein völlig anderer als heute: Das Grüne Schlößchen war ein lichtdurchflutetes Gebäude, dessen Inneres auf allen Seiten durch Fenster erhellt wurde. »Licht« war im Zeitalter der Aufklärung, dem »siècle des lumières«, gleichbedeutend mit erwachender geistiger Klarheit – und was wäre einer Bibliothek gemäßer, als Licht in das Dunkel der Unwissenheit zu bringen? Entsprechend wählte der Bauleiter Straßburger – sicherlich wiederum in Absprache mit der aufgeklärten Bauherrin – für die Gestaltung des Innenraums ein leicht blaugetöntes Weiß, das an einen Frühlingshimmel erinnern konnte. Anna Amalia freute sich wahrscheinlich auch über die kostensparende Verzierung aller Stuckornamte an den Regalen mit Schlagmetall. Nur arme Materialien fanden in dieser an Inhalten so reichen Bibliothek Platz, die dennoch soviel Pracht und ernsthafte Würde, ja fast Sakralität ausstrahlen sollte.

Der Eingang war vor dem Umbau an der Südwestecke, wo ein Türmchen stand, in welchem sich Eingangstür und Treppe befanden. Zu Anna Amalias Zeiten (und bis 1805) war er zweigeteilt: Den Renaissance-Erdgeschoßsaal, der niemals wirklich umgebaut wurde, erreichte man durch die alte Tür auf der Westseite, den neuen Rokokosaal im ersten Stock des Gebäudes über einen an der Nordfront des Gebäudes vorgesetzten kleinen Erschließungsbau. Intern gab es keinerlei Verbindung zwischen dem Erdgeschoß und dem Rokokosaal, dessen beide Galerien über hinter dem Oval verborgene Treppen zu erreichen waren.

Der Umbau dauerte von 1761 bis 1766. Heute wissen wir, daß es ein segensreicher Entschluß von Anna Amalia gewesen war, die Bücher aus dem Schloß zu entfernen, denn 1774, kurz vor Ende der vormundschaftlichen Regierung der Herzogin, brach just im Ostflügel des Residenzschlosses, wo die Bücher ursprünglich gestanden hatten, ein verheerender Brand aus, und das Schloß blieb über Jahrzehnte eine Ruine.

Neben den Büchern verließen 1766 auch die Porträts der sächsischen Herrscherfamilie ihren Platz, um sich ebenfalls im Grünen Schlößchen wiederzufinden, doch noch war der Weg zum »Bibliotheksmuseum«, als welche die Weimarer Bibliothek schon 1790 gesehen wurde, weit. Anna Amalia trug selbst aktiv zur Bestandsvermehrung der Bibliothek bei, indem sie anläßlich ihrer Übersiedlung in das Wittumspalais am 4. August 1774 einen großen Teil ihrer privaten Büchersammlung, die man mit 2000 Titeln oder 5000 Bänden als Fürstinnenbibliothek von sehr ansehnlicher Größe ansehen konnte, an die Herzogliche Bibliothek abgab. Mit dem Tag ihres Todes, am 10. April 1807, ließ Anna Amalias Sohn Carl August dann alle persönlichen Bücher seiner Mutter sowie deren übrige Sammlungen in das Grüne Schlößchen überführen. Der Bibliothekar Vulpius schreibt an den inzwischen in Dresden amtierenden Carl August Böttiger:

»Mit dem Tode der Herzogin Frau Mutter, hat der Herzog nicht nur die Bücher derselben, sondern auch die Kunst Sachen, Bilder, Medaillen, Zeichnungen, Kupferstiche, pp. Auf die Bibliothek gegeben, u wir sind jetzt damit beschäftigt, indem dies u jenes untersucht u geordnet werden muß, alles das gehörig unterzubringen.«[16]

Nicht nur das: Herzogin Anna Amalias Leistung, der Bibliothek ein eigenes Gebäude zu geben, war eine kulturelle Leistung, die selbst Goethe, der sich ab den 1790er Jahren von ihrem so geschätzten adligen Dilettantismus immer mehr distanzierte, in seinem gemeinsam mit Minister von Voigt verfaßten Nekrolog würdigte: »Ein ganz anderer Geist war über Hof und Stadt gekommen. Bedeutende Freunde von Stande, Gelehrte, Künstler, wirkten besuchend oder bleibend. Der Gebrauch einer großen Bibliothek wurde frey gegeben, ein gutes Theater unterhalten und die neue Generation zur Ausbildung des Geistes veranlasst.«[17]

Besonders wertvoll in Anna Amalias Privatbibliothek waren vor allem 500 Dramen aus der Zeit von 1450 bis 1750 aus der Sammlung Johann Christoph Gottscheds (1700-1766). 1767 waren die Werke auf einer Auktion ersteigert worden. Daneben besaß die Herzogin eine vorzügliche Musikaliensammlung, die leider beim Brand vom 2. September 2004 fast vollständig zerstört wurde. In dieser Sammlung waren italienische Opern ein Schwerpunkt. Zu ihrer Literatursammlung gehören auch teils seltene Editionen und Originalausgaben von französischen, englischen und deutschen Dichtungen. Ergänzt wird diese Privatsammlung durch das 1808 an die herzogliche Sammlung geleitete Büchervermächtnis von Anna Amalias in Weimar 1805 verstorbenem Bruder Friedrich August von Braunschweig-Oels (1740-1805), immerhin 20 000 Bände und 16 000 Kupferstiche.

Auch nach dem Umzug in das neue Gebäude 1766 präsentierte die Bibliothek noch die drei großen Teilsammlungen gesondert, die Schurzfleischische, die Logausche und die Fürstliche Handbibliothek – es ist unbekannt, was sich mit den Beständen aus der Sammlung Gude und Lilienheim ereignet hat[18] –, und dies, obwohl der große Realkatalog mit seinen Unterteilungen in spezifische Fachgebiete ja schon weitgehend existierte, also einer systematischen Aufstellung der Bücher im Grunde nichts hätte im Wege stehen dürfen.

In der folgenden Zeit strebten der jüngere Bartholomaei und seine Nachfolger jedoch eine systematische Aufstellung der Bücher an und verwirklichten sie auch zum Teil. In dem Reisebericht Friedrich Karl Gottlob Hirschings von 1787 heißt es:

»Im Saale sind die Werke befindlich, die zum Staatsrecht, zum bürgerlichen, Natur, Kunst und Litterärgeschichte, zu den Altertühmern, zur Geographie, Chronologie, Diplomatik, Numismatik u.s.w. gehören; … Auf der zweiten, mit einer Gallerie versehenen Etage, stehen auf einer Seite die zur Jurisprudenz gehörigen Werke; überdies noch eine beträchtliche und schäzbare Sammlung von seltnen, sowohl geschriebenen als gedruckten Bibeln (…) In der dritten Etage sind die medicinischen, philosophischen, mathematischen und philologischen Werke, nebst verschiedenen andern Schriften befindlich. Hierunter verdienen die zur Philologie gehörigen, die fast alle aus der Schurzfleischischen Bibliothek herrühren, vorzügliche Aufmerksamkeit.«[19]

PORTRÄT HERZOG CARL AUGUST VON SACHSEN-WEIMAR
IM ROKOKOSAAL

Mit dem beschriebenen im Laufe des 18. Jahrhunderts wachsenden Bücherreichtum der Bibliothek verbunden war eine zunehmende Bürokratisierung der Bibliotheksgeschäfte, die sich schon vor der Zeit der Oberaufsicht des an Systematik interessierten Goethe ankündigte. Unter Anna Amalias obervormundschaftlicher Regierung war die Bibliothek noch unmittelbare Angelegenheit der Regentin und ihr Etat dem Oberhofmarschallamt zugeordnet, wenngleich der Umbau durch die Herzogliche Kammer geregelt wurde. Die sogenannte »Oberaufsicht« über die Bibliothek vermittelte zwischen den Bibliotheksangestellten und der Fürstin und war seit 1756 eine von dem Oberhofmarschallamt unabhängige Institution, zunächst unter dem Anna Amalia sehr verbundenen, fast väterlich ihr zugetanen Geheimen Rat Johann Poppo Greiner. Es war sicherlich ein Zeichen der besonderen Wertschätzung seitens Anna Amalias, daß Greiner in diesem Amt bis zu seinem Tode 1772 blieb. 1773 löste ihn Christian Friedrich Schnauß ab. Auch ein neuer Bibliothekar trat bereits 1770 seinen Dienst unter Bartholomaei an, Johann Samuel Gottlob Schwabe, ein klassischer Philologe und Theologe, der allerdings aufgrund des allzu bescheidenen Honorars von 100 Kaisergulden im Jahr zusätzlich als Hauslehrer arbeiten mußte und 1773 aufgrund der zu niedrigen Bezahlung in den Schuldienst wechselte. Der besonders durch seine Arbeiten zu Phaedrus bekannte Gelehrte sagte: »Hier in diesem Heiligthum der Musen, zeigte sich mir ein Feld, welches mir die Aussicht öffnete, unter der Anführung des berühmten Bibliothekars Bartholomaei, die Quellen der Gelehrsamkeit in so mancherlei Fächern kennen zu lernen, … und meine Kenntnisse täglich zu erweitern, auch mit vielen Gelehrten, welche die Bibliothek besuchten, Bekanntschaft zu machen.«[20]

Hier wird deutlich, wie sehr die Fürstliche Bibliothek, bevor man in Weimar auch nur von Goethe gewußt hatte, bereits ein Hort der Kunst und Wissenschaft war, und daß es sich lohnte, hier zu verkehren.

Dem schlechten Gehalt der Bibliotheksangestellten entsprach ein wohl als fix deklarierter Etat der Bibliothek, doch wurden die erwähnten 400 Reichstaler im Jahr permanent überschritten, und zwar in den Jahren 1759-1772 insgesamt um 11 000 Reichstaler, eine erhebliche Summe. Jeweils handelte es sich um Sonderkäufe auf Wunsch der Regentin. Anna Amalia schrieb am 2. März 1773 an die Herzogliche Kammer, daß diese die Summe zu übernehmen habe, sie selbst wolle auch in Zukunft immer davon in Kenntnis gesetzt werden, wenn ein großes, kostbares Buch zum Kauf anstünde, so daß die Kammer diese Anschaffungen als Extraordinariusausgaben verbuchen könne. Der Herzogin war die Vermehrung des Buchbestands und ihr persönliches Engagement hier äußerst wichtig. Als aufgeklärte Fürstin strebte sie eine vertiefte Bildung für alle Bevölkerungsschichten an, die Vermehrung der Bestände einer nun öffentlich benutzbaren Bibliothek kam daher allen zugute, gerade auch dem jetzt in besonderer Weise in die Hoffunktionen drängenden akademisch gut ausgebildeten Bürgertum.

GOETHE UND DIE WEIMARER BIBLIOTHEK:
GESCHICKTE ADMINISTRATION UND
KÜNSTLERISCHE AUSSTATTUNG

✳ ✳ ✳

Auf den Philologen Schwabe folgte Johann Christian Ferdinand Spilcker im Amt des Bibliothekars. Man wählte ihn unter mehreren Bewerbern aus, weil er aufgrund seines Vermögens kein Gehalt beanspruchen mußte,[21] doch war er der letzte Bibliothekar, der für seine Arbeit kein Geld erhielt. Spilcker war weit über 20 Jahre in seinem Amt tätig, auch noch, als Johann Wolfgang von Goethe gemeinsam mit seinem Kollegen aus dem Geheimen Consilium, Christian Gottlob von Voigt, die nun neu eingerichtete Oberaufsicht der Bibliothek übernahm (Dezember 1797). Dieses Amt erhielten Goethe und Voigt in der Nachfolge des erwähnten Geheimen Rats Schnauß.

Schon lange war Goethe die Bibliothek als Nutzer vertraut gewesen – er war wohl derjenige, der zur damaligen Zeit die meisten Werke entlieh, das geht aus den Ausleihbüchern der Bibliothek hervor, die es ab 1792 in Weimar gab (vorher wurden die Ausleihen auf Zetteln notiert). Und seit Elise von Keudells hilfreicher Arbeit von 1931[22] weiß man sehr genau, wann Goethe welches Buch ausgeliehen hat. Werner Deetjen schreibt in seinem Vorwort zu von Keudells Buch, Goethe habe pro Tag »mindestens einen mittleren Oktavband«[23] gelesen, insgesamt notiert von Keudell von 1792 bis 1832 2276 entliehene Titel. In seinen Weimarer Jahren vor der Übernahme der Oberaufsicht über die Bibliothek (1775-1797) sei er keineswegs pünktlich mit der Rückgabe der Bücher gewesen, zum Teil behielt er Werke bis zu 20 Jahre lang, und – was sich ein heutiger Bibliotheksbenutzer keinesfalls gestatten dürfte – er nahm mitunter auch einzelne Bände der großen Bibliothekskataloge mit nach Hause, ebenso wie 1814 den Gispabguß eines Kunstwerks, der erst nach seinem Tode an die Bibliothek zurückerstattet wurde.[24]

Doch Goethe war kein besonders zu tadelnder Einzelfall. Der Bibliothekar Spilcker mahnte insbesondere adlige oder gar fürstliche Ausleiher nie um Rückgabe. Als jedoch Goethe Anfang Dezember 1797 selbst mit dem Ausmaß der Mißstände in der Bibliothek sowie im Münzkabinett konfrontiert wurde, versuchte er, mit gutem Beispiel voranzugehen und gab die entliehenen Bücher, soweit er sie nicht an Mitglieder des Hofs weitergeliehen hatte, rasch zurück. Daraufhin entwarf er gemeinsam mit dem Kollegen eine Benutzungsordnung, die schon am 26. Februar 1798 in Kraft trat. Diese »Vorschrifft« wurde nie gedruckt, sondern hing in sauberer Handschrift abgeschrieben im sogenannten »Expeditionszimmer« der Bibliothek zur Einsicht aus:

»Vorschrifft, nach welcher man sich bei hießiger Fürstl. Bibliothek, wenn Bücher ausgeliehen werden, zu richten hat.

1. Das Ausleihen und Einnehmen der Bücher geschieht nur zwey Morgen in der Woche, Mittwoch und Sonnabends. Was binnen dieser Zeit nicht expedirt werden kann, geduldet sich bis zum nächsten Ausgebetag.
2. Das sämtliche Personal ist verbunden in diesen Tagen von 9. bis 1. Uhr gegenwärtig zu seyn.
3. Der Registrator führt das Buch und entfernt sich in diesen Stunden so wenig als möglich von demselben.

Vorschrifft.

nach welcher man sich bey hiesiger Fürstl. Bibliothek, wenn
Bücher ausgeliehen werden, zu richten hat.

1.) Das Ausleihen und Einnehmen der Bücher geschieht die Ganze Wochen
 der Nach-, Mittwoch und Sonnabend. Was dieser Zeit nicht begehret
 werden kan, gedultet sich bis zum nächsten Ausgebetag.

2.) Das sämtliche Personal ist verbunden in diesen Tagen von 9 bis 11 Uhr gegenwärtig zu seyn.

3.) Der Registrator lieset das Buch und entfernt sich in diesen Stunden so wenig
 als möglich von demselben.

4.) Die übrigen Personen, denen ihnen ein Zettel präsentiret wird, signiren
 denselben u. übergeben ihn dem Registrator, welcher ihn einträgt und in
 die Regale verweiset, indessen das Buch abgegeben wird.

5.) Für jedes Buch ist ein besonderer Zettel einzureichen. Kein Buch ist
 ohne erhaltenen Zettel wieder an einen Fremdnehmer nachher abzugeben, und Testatissimo wird jederzeit versichern, ob das Buch mit dem bezahlten
 übereinstimme.

6.) Bey Rückgabe der Bücher haben die überbringenden Personen die Zettel
 sorgfältig abzufordern.

7.) Die Zeit des Gebrauchs wird längstens auf ein Viertel Jahr gesetzt, so
 sind z. E. nunmehr vor dem ersten April sämtliche, bis zu Ende vorigen
 Jahres, ausgeliehene Bücher zurück zu liefern. Man wird das Publi-
 cum, sobald es mit dieser Einrichtung bekannt ist, durch die wöchentlichen
 Anzeigen an die Termine erinnern.

8.) Was ein Buch verlanget, das schon ausgegeben ist, wird notirt und
 erhält dadurch den Anspruch, es vor andern Personen zu erlangen,
 so bald es zurück geliefert wird.

9.) Keine Erneuerung des Zettels oder Darlegung des Buchs ist gestattet.

10.) Die Personen, welche nach No. 4 die Bücher ausgeben haben die den
 gehörigen Zustand eines ausgeliehenen Buchs zu bezeugen.

Wird ein rein ausgegebenes beschmutzt zurückgebracht, so ist die Anmerkung zu verbessern und entweder ein reines Exemplar oder ein neues Band zu fordern. Ist dieses nicht geschehen, wird an einen solchen keines weiteres Buch ausgegeben.

11.) Die sämtlichen Personen, welche bis jetzt Bücher aus der Bibliothek erhalten haben, genießen des Gebrauchs künftig zu ungehindert, sogar von auswärtigen Freunden, oder auswärtigen Personen, wird den Seiten der Bibliothek beyläufig Commission angezeigt.

12.) Junge Leute können nur auf Scheine der Aeltern oder Lehrer unterzeichnet, sind, Bücher erhalten.

13.) Kostbare Werke und Manuscripte, werden nur mit Bewilligung der Commission von der Bibliothek gegeben und ist auf dem deßfalls einzureichenden Zettel des Vormerk, auf wie lange man sie nöthig ist, ausdrücklich zu bestimmen.

14.) Atlasse Bücher werden gleichfalls nicht verliehen.

15.) Der Bibliothek Expedition ist ausdrücklich verboten, von einem dieser Puncte eigenmächtig abzugehen.

16.) Dieses Reglement ist sauber abgeschrieben, in dem Expeditions Zimmer aufzuschlagen.

Weimar am 26. Febr. 1798.

zur Oberaufsicht über die Bibliothek
gnädigst verordnete Commission

J. W. von Goethe   C. G. Voigt

4. Die übrigen Personen, wenn ihnen ein Zettel präsentirt wird, signiren denselben u. übergeben ihn dem Registrator, welcher ihn einträgt und in die Kapseln reponirt, indeßen das Buch abgegeben wird.
5. Für iedes Buch ist ein besonderer Zettel einzureichen. Ein Buch ist ohne erhaltenen Zettel weder an einen Einheimischen noch Fremden abzugeben, und Commissio wird von Zeit (zu Zeit) revidiren, ob das Buch mit den Kapseln übereinstimme.
6. Bey Rückgabe der Bücher haben die überbringenden Personen die Zettel sorgfältig abzufordern.
7. Die Zeit des Gebrauchs wird längstens auf ein viertel Jahr gesetzt, so sind z.B. nunmehr vor dem ersten April sämtliche, bis zu Ende voriges Jahrs, ausgeliehene Bücher zurück zu liefern. Man wird das Publikum, bis es mit dieser Einrichtung bekannt ist, durch die wöchentlichen Anzeigen, an die Termine erinnern.
8. Wer ein Buch verlangt, das schon ausgegeben ist, wird notirt und erhält dadurch den Anspruch, es vor andern Personen zu erlangen, so bald es zurück geliefert wird.
9. Keine Erneuerung der Zettel ohne Darlegung der Bücher, ist gestattet.
10. Die Personen, welche nach No. 4 die Bücher ausgeben, haben in der Folge den Zustand eines ausgeliehenen Buchs zu bezeugen. Wird ein rein ausgegebenes beschmutzt zurückgebracht, so ist die Annahme zu verweigern und respective ein neues Exemplar, oder ein neuer Band zu fordern. Ehe dieses nicht geschehen ist, wird an eine solche Person kein weiteres Buch ausgegeben.
11. Die sämtlichen Personen, welche bis iezt Bücher aus der Bi-

bliothek erhalten haben, genießen des Gebrauchs künftig hin ungestöhrt, wegen neu ankommender Fremden, oder auswärtigen Personen, wird von Seiten der Bibliothek bey Fürstl. Commission angefragt.
12. Junge Leute können nur auf Scheine die von Eltern oder Lehrern unterzeichnet sind, Bücher erhalten.
13. Kostbare Werke und Manuskripte, werden nur mit Vorwissen der Commission von der Bibliothek gegeben und ist auf dem deßhalb einzureichenden Zettel der Termin, auf wie lange man es wünscht, ausdrücklich zu bestimmen.
14. Rohe Bücher werden gleichfalls nicht verliehen.
15. Der Bibliotheks Expedition ist ausdrücklich verboten, von einem dieser Puncte eigenmächtig abzugehen.
16. Dieses Regelement ist sauber abgeschrieben, in dem Expeditions-Zimmer anzuschlagen.

Weimar am 26. Februar 1798.
Zur Oberaufsicht über die Bibliothek gnädigst
verordnete Commission
J.W. von Goethe   CG Voigt«[23]

Die Wahl des Mittwoch- und Sonnabendvormittags war weniger willkürlich als es zunächst scheint, waren dies doch in Weimar die Markttage, und man rechnete damit, daß mancher Marktbesucher auch die benachbarte Bibliothek besuchte.[24] Anders als in Gotha, wo bei Überschreiten der Leihfrist Sanktionen drohten, wurde in Weimar auf solche verzichtet. Goethe schreibt an seinen Kollegen, wie er sich zu verhalten gedachte, wenn ein säumiger Ausleiher die entliehenen Bücher auch nach Mahnung nicht zurückgab, und interessanterweise nennt er seinen wohlbekannten Freund und Kirchenmann Herder als besonders beharrlichen Buchbesitzer:

»Die meisten Restanten haben sich gefügt, Herder ist noch der stärkste, der sich aber auch finden wird … Alle alte Stockungen werden sich, wenn man nur im einzelnen immer sachte zu wirken fortfährt, schon auflösen. Man sieht der Sache wieder vier Wochen zu und erwartet, wie sich die Expedition und das Publikum benehmen…«[25]

Maßvolles Vorgehen also sowohl in Bezug auf die saumseligen Ausleiher wie auf die Bibliotheksangestellten, die sich an effektives Arbeiten wohl erst gewöhnen mußten. Als Besonderheit, planten Goethe und Voigt die Vormerkung für ein bereits ausgeliehenes Buch in ihrer »Vorschrifft« mit ein. Allerdings konnte Goethe trotz allen Takts in der Sache sehr hart sein, so zeigt es ein Brief an Johann Daniel Falk, den großen Weimarer Pädagogen, der ein ausgeliehenes Buch mehr als unsachgemäß behandelt hatte:

»Ew. Wohlgeboren wünsche in diesen Tagen zu sehen, um mich mit Ihnen auf die hergebrachte, interessante Weise zu unterhalten; vorher aber möchte ich eine Verlegenheit beseitigt wissen, in der ich mich um Ihretwillen befinde. Sie haben nämlich das von Herzogl. Bibliothek Ihnen anvertraute Exemplar des Heldenbuches durch Anstreichen, Beschreiben, Ausstreichen auf eine mir unbegreifliche Weise beschädigt. … Gar sehr wünschte ich daher, dass Sie mir hierüber einige Erklärung gäben und einen Anlaß verschafften der Sache eine Wendung zu geben, wodurch die Bibliothek satisfacirt und das Auffallende des Ereignisses vermindert würde. Neigung und gute Meinung bewegen mich zu diesem außergeschäftlichen Schritte.

Weimar, den 12. Oktober 1810.«[26]

Und Herder fühlte sich gar durch Goethe schikaniert, obwohl Goethe es ihm ausnahmsweise gestattete, alle Bücher nach überschrittener Leihfrist unter erneuter Vorlage wieder mit nach Hause zu nehmen.

Neben der Vormerkung eines Buchs existierte in Weimar in besonderen Fällen auch schon die Fernleihe. Hierzu mußte der jeweilige Ausleiher seine Wünsche schriftlich begründen. Es wurden im Jahre 1809 beispielsweise zwei wertvolle Minne- und Meisterhandschriften von Weimar nach Kassel expediert, in die Studierstube Wilhelm Grimms, der die Bände 1809 in der Weimarer Bibliothek entdeckt hatte. Fünf Monate später wanderten die Codices, ohne Schaden genommen zu haben, zurück nach Weimar.[27]

Die Bibliothek hatte in dieser ersten Phase der Oberaufsicht über die Bibliothek 475 eingetragene Leser, von denen etwa ein Drittel Hofangehörige waren. Die übrigen kamen aus zahlreichen Berufsgruppen, vom Offizier über den Kaufmann, den Schauspieler, den Schieferdecker oder den Kupferstecher waren alle vertreten, daneben 35 gesondert aufgeführte »Damen« und 38 Schüler.

Die Bibliotheksangelegenheiten beschäftigten Goethe und von Voigt nicht nur in ihrem Briefwechsel immer wieder, beide nahmen ihre Aufgabe sehr ernst. Der Leser dieser Korrespondenz wird daneben aber beispielsweise Zeuge, wie Christian August Vulpius, Christianes Bruder, aus der Unsicherheit der Arbeitslosigkeit über Hilfstätigkeiten in die gesicherte, wenngleich schlecht dotierte Position des Bibliothekars hineinwuchs. Goethe schreibt an Voigt am 18. April 1798, Vulpius war ein Jahr bei der Bibliothek beschäftigt:

»Der Registrator Vulpius hat seine Bitte um einen Bibliotheksschlüssel wiederholt, damit er die Sommer-Nachmittagsstunden nutzen könne. Seine Thätigkeit verdient wohl dieses Zutrauen und es wird in mehr als Einem Betracht gut seyn, wenn er aufs baldigste mit der Büchersammlung bekannt wird.«[28]

Ende 1798 dann sah Goethe keine andere Möglichkeit, um einerseits neuen Platz in der Bibliothek zu gewinnen und andererseits den Ankaufsetat aufzustocken, als indem er den Dublettenverkauf organisierte, wie es auch die Bibliothekare vor ihm schon getan hatten. Bald nach der Jahrhundertwende wurde der Dichter zusätzlich mit der Neuorganisation der Universitätsbibliothek in Jena betraut. Er entwickelte einen fortschrittlichen Gedanken, der damals jedoch nicht zur Ausführung gelangte: Er überlegte nämlich die Erstellung eines gemeinsamen Weimar-Jenaischen Bibliothekskatalogs, der es ermöglichen sollte, Ankäufe ohne Doppelungen in planvoller Weise auszuführen. Wenig später, 1803, übertrug Herzog Carl August seinen geschätzten Mitarbeitern Goethe und von Voigt schließlich noch die Oberaufsicht über die Kunstsammlungen bzw. Museen, worunter auch die Zeichenschule fiel, und es kam zu immer neuen Überlegungen, was die Verlagerung von Statuen etwa aus der Zeichenschule in die Bibliothek anging:

»Auf der Zeichenschule möchten wir gern die Statuen wegnehmen, um Platz zu gewinnen. Auf der Bibliothek sind noch schöne Räume, wo sie zieren und nützen würden. Zu dieser Dislocation erbitte nur gleichfalls Ew. Excellenz Einstimmung.«[29]

Schon vermutlich ab 1766[30], also noch unter Anna Amalias vormundschaftlicher Regierung, war begonnen worden, die Bibliothek mit Statuen, Büsten und Bildern auszuschmücken. Unter Goethes und von Voigts Oberaufsicht waren Kunstankäufe für die Bibliothek neben dem Bucherwerb dann sogar ein

PORTRÄT CHRISTIAN AUGUST VULPIUS
VON CARLINE BARDUA, 1807

Schwerpunkt: Zwischen 1800 und 1810 erfolgten doppelt so viele Neuaufstellungen wie in den Jahren 1781 und 1800. Die Frage, warum der Porträtbüste in der Bibliothek der Vorzug vor dem gemalten Porträt gegeben wurde, ist nicht leicht zu beantworten. Möglicherweise war die von Herder vorgetragene These, daß die plastische Abbildung eines Menschen dem realen Vorbild durch die Dreidimensionalität mehr entspräche und daher größeren »Wahrheitsgehalt« aufweise, hier bestimmend.[31] Hinzu kommt in dieser Zeit des Übergangs vom feudalen zum bürgerlichen Zeitalter auch das gewachsene Selbstbewußtsein einer großen Gruppe von akademisch ausgebildeten »gelehrten« Bürgern, die die zuvor nur Adligen vorbehaltenen Vergegenwärtigungsmöglichkeiten, sprich die Abbildung der eigenen Person, sei es durch gemalte Porträts, sei es durch Bildnisbüsten, nun auch für sich beanspruchten.

Insgesamt gab es 300 plastische Einzelstücke in der Großherzoglichen Bibliothek, nur 57 davon entstanden allerdings vor 1800 (und 40 davon stammen von Klauer). Die Mehrzahl dieser Werke bestand aus Kostengründen aus Gips. Klauers Vorherrschaft erklärt sich dadurch, daß der Hofbildhauer ab 1781 vertraglich dazu verpflichtet war, für eine Gehaltszulage von 200 Talern als Unterlehrer an der Zeichenschule zu unterrichten und daneben jährlich eines seiner Werke umsonst an den Hof, und das heißt: an die Bibliothek abzugeben. Von ihm und Christian Friedrich Tieck, dem hochklassizistischen Bildhauer, der zwischen 1801 und 1805 in Weimar arbeitete und vor allem an der Ausgestaltung des Schloßneubaus mitwirkte, besaß die Bibliothek die meisten Werke. In einer späteren Phase (ab 1869) sollten etliche der Plastiken und Porträts aus der Zeit um 1800 in das neuerrichtete Großherzogliche Museum wandern.

Die Ausstattung der Weimarer Bibliothek mit Bildnisbüsten von Zeitgenossen stellt eine Ausnahme im gesamten deutschen Raum dar, denn in der Regel waren Bibliotheken vorwiegend mit antiken Bildnissen bestückt. Aufgrund der intensiven Beziehungen des Weimarer Hofs zu Anhalt-Dessau und der Vorbildfunktion der dortigen Anlagen auch in anderen Bereichen (etwa der Gartenkunst) ist es wahrscheinlich, daß die in Schloß Wörlitz eingerichtete Bibliothek mit ihren Wandmalereien (die durch ihre Malweise Ton in Ton halbplastisch wirken, quasi wie Reliefs) vorbildhaft wirkte. Auch hier wurden Zeitgenossen dargestellt, Philosophen, Dichter und Staatsmänner. Goethe, Carl August und auch Anna Amalia hatten Wörlitz gesehen, und die Herzoginmutter hatte zudem die Büsten (verstorbener Gelehrter) in der Wolfenbütteler Bibliothek gut vor Augen: Es mag zu einer Vermischung beider Konzepte gekommen sein und damit zur Entwicklung des neuen Weimarer Büstenprogramms mit den Darstellungen aller in Weimar wirkenden wichtigen »Geisteshelden«.

Neben den genannten Weimarer Bildhauern wurden auch Werke von überregional bedeutenden Bildhauern in der Bibliothek aufgestellt, von Antonio Canova über Bertel Thorvaldsen, Johann Gottfried Schadow, Alexander Trippel, Johann Heinrich Dannecker, Christian Daniel Rauch, Ernst Rietschel, Karl Adolf Donndorf, Jean-Antoine Houdon (seine Gluck-Büste) bis zu Jean-Pierre David d'Angers.[32]

Die Art und der Ort der Aufstellung der Skulpturen wurden im Laufe der Zeit des öfteren variiert. Den Modus des 19. Jahrhunderts kennt man nicht mehr. Ein Foto von 1913 dokumentiert, daß die uns bekannte sakral wirkende Büstenaufstellung innerhalb des Bibliotheksovals spätestens zu dieser Zeit verwirklicht worden war.

Im Rahmen der eigentlichen Arbeit einer Bibliothek, der Optimierung ihrer Verwaltung und Bestandspflege wie -vermehrung, riet Goethe seinem Herzog zu weiterer verwaltungsmäßiger Vereinheitlichung aller der Kunst und Wissenschaft gewidmeten Anstalten in Jena und Weimar. Dies bedeutete beispielsweise, daß das Bibliothekspersonal die »Conservation und

Custodie« der im Fürstenhaus untergebrachten Kunstsammlungen übernahm. Und wie schon seine Vorgänger Gesner und Schurzfleisch bemühte sich auch Goethe um Büchernachlässe. 1779 wurden auf einer Auktion aus der umfangreichen Sammlung des Geraer Bürgermeisters und Hymnologen David Gottfried Schöber (1696-1778) elf wertvolle deutsche Handschriften angekauft, meist aus dem 15. Jahrhundert, sowie die mit der Signatur »Fol. 1« bezeichnete Pergament-Handschrift des Matthäus- und Markus-Evangeliums in lateinischer Sprache. Obgleich es sich um Fragmente handelt, wird diese Handschrift bis heute als wertvollste Zimelie der Weimarer Bibliothek angesehen. Die zweite Hälfte dieses Evangeliars, also die Evangelien des Lukas und Johannes, wird in der Staatsbibliothek München gehütet. Der Buchschmuck ist bedeutend und besteht aus 12 Kanontafeln. Zur Ausstattung des Weimarer Evangeliars, das vermutlich um 900 in einer klösterlichen Mainzer oder St. Gallener Schreibstube entstand, gehören insbesondere jeweils zu Markus und Matthäus wunderschöne Initial-Zierseiten oder »Incipits« (fol 17r und 44r), sie weisen in Gold gestaltete Bandwerkkompositionen und charakteristische Rahmenleisten auf. Besondere Aufmerksamkeit verdienen auch die aus Rankenwerk gestalteten Schlußvignetten der Evangelientexte in Silber und Gold.[33]

1781 ließ Carl August Manuskripte zur sächsischen Geschichte, 1782 Bekenntnisschriften der Reformationszeit, 1803 275 Stammbücher kaufen. In der Dienstzeit von Christian August Vulpius, der ab 1798 als Bibliotheksregistrator, dann als Bibliothekssekretär und von 1805-1826 als »erster Bibliothekar« eines mittlerweile fünfköpfigen Stabes tätig war, kamen ab 1803 – per Reichsdeputationshauptbeschluß waren die ersten Erfurter Klöster aufgehoben worden, in diesem Zusammenhang verkauften bzw.

verschleuderten die Mönche gezwungenermaßen ihre Bücherschätze – mehr als 99 Handschriften aus dem Erfurter Klosterbesitz durch gezielten Ankauf in die Weimarer Bibliothek. Darunter befinden sich auch ganz besonders wertvolle Einzelstücke. Besonders erwähnenswert ist eine prächtige *Biblia pauperum*, die vermutlich zwischen 1330 und 1340 entstand. Die durch ihr besonders großes Format auffallende Handschrift befand sich im Kloster St. Peter zu Erfurt, und Vulpius erwarb »Fol max. 4«, als welche diese Schrift in der Weimarer Bibliothek firmiert, zusammen mit 24 anderen Manuskripten und illuminierten Handschriften vermutlich im Jahre 1809.

Sie ist eine von nur 80 erhaltenen Armenbibeln, die ausschließlich im deutschen Sprachraum entstanden und als relativ billiges und verständliches Lehrmittel für die »pauperes praedicatores«, die armen Bettelmönche diente. Die einzelnen Armenbibeln unterscheiden sich durch ihr Alter, die Zahl der Bildgruppen, die Reihenfolge derselben und durch Schreibeigentümlichkeiten. Man kann grob drei Gruppen unter diesen Bibeln unterscheiden, eine österreichische, eine bayerische und eine Weimarer Handschriftenfamilie. Wahrscheinlich ist das Urexemplar im 13. Jahrhundert in Österreich entstanden. In der Weimarer Handschrift von ca. 1340, die vielleicht sogar in Erfurt selbst, im Peterskloster als einem der seit 1100 traditionsreichsten und bedeutendsten spirituellen Zentren im mittelalterlichen Thüringen entstanden ist, sind die Texte in lateinischer und deutscher Sprache verfaßt. Doch nicht die Texte sind das eigentlich Faszinierende an dieser und anderen Armenbibeln, sondern die Illustrationen eines begabten Klosterkünstlers. Die Weimarer *Biblia pauperum* gehört zu den ältesten des Typus, der lateinische Texte mit deutschen Übersetzungen mischt.[34]

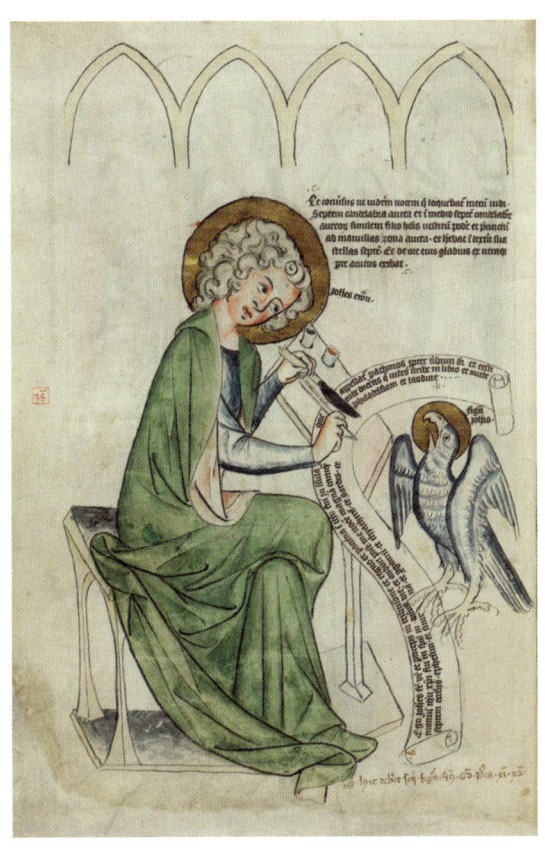

BIBLIA PAUPERUM
ABBILDUNG DES EVANGELISTEN JOHANNES

1812 wurden auf einer Auktion sieben wertvolle Handschriften aus der Sammlung von Hieronymus Wilhelm Ebner von Eschenbach (1673-1752) aus Nürnberg erworben, und auch der Grundstock zu der deutschlandweit heute zweitgrößten Sammlung von Stammbüchern (die größte befindet sich im Frankfurter Kunstgewerbemuseum) konnte jetzt gelegt werden. Ebenfalls unter Vulpius' Bibliotheksägide konnten (1817) Meistersinger-Handschriften, darunter auch das *Gemerkbüchlein* des Hans Sachs aus dem Nachlaß des Nürnberger Gelehrten Christoph Gottlieb von Murr (1733-1811) und zahlreiche Teilnachlässe wichtiger Weimarer Dichter und Bibliophiler aus dem Goethe-Umkreis erworben werden, der des Märchendichters Johann Carl August Musäus (1735-1787) noch im Jahr seines Tods, der von Johann Gottfried Herder (1744-1803) im Jahr 1805, der des englischen Freunds Anna Amalias und Goethes, Charles Gore (1726-1807), noch im Jahr seines Todes. Im Jahr 1809 wurden gar zwei Nachlässe mit bedeutenden italienischen Beständen für die Bibliothek erworben, der Carl Ludwig Fernows (1763-1808) und der Christian Joseph Jagemanns (1735-1804). Der Kunst- und Sprachwissenschaftler Fernow war seit 1804 als Privatbibliothekar Anna Amalias in der Nachfolge Jagemanns tätig gewesen. Insbesondere sein neun Jahre währender Studienaufenthalt in Italien und seine große Kenntnis der italienischen Kunst und Literatur hatten ihn zu diesem – wenngleich schlechtbezahlten – Amt gebracht. Schon durch Krankheit geschwächt, reiste er mit seiner Familie an, sein Bücherschatz folgte ihm nach. 5000 Pfund war die Ladung schwer: Fernow hatte während der napoleonischen Unruhen in Rom nicht gezögert, Bücher aus Palästen und Bibliotheken, die gewaltsam geöffnet worden waren, günstig zu erwerben, darunter wahre Kostbarkeiten wie etwa die

PIETRO BEMBO, »DELLE RIME«, VENEDIG 1557
VORSATZ MIT PORTRÄT UND TITELSEITE

Kommentare zu Petrarcas *Canzoniere* von 1553 und 1541 oder auch Pietro Bembos *Rime* in Aldo Manuzios Ausgabe. Er hatte sich wortwörtlich jedes Buch vom Munde abgespart, die Sammlung war sein Arbeitswerkzeug, aber auch seine Leidenschaft.[35] Goethe setzte ihm in seinen Tag- und Jahresheften ein Denkmal: Nach Jagemanns Dahinscheiden sei mit Fernows Tod die Quelle der italienischen Literatur in Weimar leider zum zweiten Mal versiegt. Folgender Brief Goethes an Voigt stellt in seiner pragmatischen Kürze neben der Sachinformation über den Buchnachlaß auch ein Beispiel für die von Anna Amalias Sohn Carl August immer wieder geübte tätige Unterstützung von in Not geratenen Kindern verdienter Weimarer Mitbürger dar:

»Was auf Fernows Büchernachlaß sich bezieht, folgt gleichfalls unterzeichnet. Wir machen zwar eine gute Aquisition, aber wir bevortheilen Niemand. Wären diese Bücher zur Auction gekommen, so hätten wir daraus erstanden, was uns fehlte; jetzt haben wir immer noch mit den Doubletten einige Bemühung, die aber doch nicht ohne Frucht seyn wird. Für die Kinder ist gesorgt. Durchlaucht dem Herzog geziemt so zu handeln und der Curator wird mit den Creditoren wohl auch fertig werden.«[36]

Und schließlich kam die wertvolle Kartensammlung mit den beiden Weltkarten von Diego Ribeiro 1527 und 1529 zur selben Zeit durch Ankauf in die Bibliothek.

Die Zeiten der Usurpation eines Bücherschatzes wie desjenigen von Schurzfleisch waren also glücklicherweise vorüber, klug als solche erkannte Schätze wurden in die herzogliche Bibliothek eingebracht. Vulpius führte auch die von Goethe gewünschte Vereinigung der Jenaer Schloßbibliothek mit der dortigen Universitätsbibliothek durch und vermochte die Weimarer Bibliothek durch geschickte Öffentlichkeitsarbeit deutschlandweit bekannt zu machen. Daneben schrieb er selbst, zwar nicht so anspruchsvolle Werke wie Goethe, aber für die damalige Zeit ungeheuer erfolgreiche Unterhaltungsliteratur. Heute noch bekannt ist sein *Rinaldo Rinaldini*.

Er nimmt sich die Verfertigung eines Manuskripte-Katalogs vor: »Es ist ein herrlicher Vorrath von Saxonicis besonders darunter, viele Philologica, schöne Codd. u prächtige Orientalia.

STAMMBUCH DES ANDREAS VOGTBERGER, 1710
TITELBLATT

Alles was Schurzfleisch, Hortleder, Heydenreich, Zollmann, Schumacher, Müller, Büttner pp. In dieser Art sammelten, ist da, u ich habe seit kurzem, für mehr als 1000 Reichstaler in aufgehobenen Klöstern, schöne Acquisitionen gemacht.«[37]

Von Goethes manchmal fast bizarr anmutenden Motivationen in Sachen Bucherwerbung spricht hingegen dieser Brief an Voigt vom 16. Mai 1817:

»Ew. Excellenz,

werden gewiß lächeln, wo nicht gar mich tadeln, dass ich 52 Thaler Sächs. für eine magische Handschrift gezahlt, unserer Bibliothek einzuverleiben ... Eine auf dem Lande Oppburg bei Neustadt wohnende Alchimistenfamilie hält es im Geheim seit mehreren Jahren für den größten Schatz und bringt es nur an den Tag, weil der Glaube sich mindert, und die Noth sich mehrt. Ich denke es hier zu behalten, ... Ich halte es für nicht so alt als es sich angibt, doch ist es immer noch seltsam genug, um Bibliothekbesuchende in Verwunderung zu setzen, und einen trefflichen Aufsatz in die Curiositäten zu veranlassen. Nachsicht! Und Theilnahme!   G.«[38]

Von Vulpius sind neben den Aquisitionsberichten auch die authentischsten Äußerungen über die Mängel der Bibliothek überliefert, die Kälte, den Platz- und Lichtmangel. Regelmäßig wandte er sich an Goethe, um eine Unterschrift auf eine Holzlieferung zum Heizen einzuholen.

Mit Datum des 21. März 1810 hatte Herzog Carl August aufgrund der »Vorschrifft« von 1798 eine neue Besuchs- und Gebrauchsordnung für die Bibliothek erstellen lassen, erstmalig wurde sie gedruckt. Im Unterschied zur »Vorschrifft« wird hier der Benutzer ins Visier genommen. Bei Überschreitung der weiterhin auf 3 Monate festgelegten Leihfrist hatte er eine Mahngebühr zu entrichten, und sollte er verreist sein, mußte er gar mit einer Wohnungsöffnung rechnen. Die Entleihung von kostbaren, mit Kupferstichen ausgestatteten Büchern oder Nachschlagewerken war nun untersagt, und Besuchern, die rein aus touristischen Gründen den inzwischen berühmten Rokokosaal der Bibliothek anschauen wollten, wurde alles Stöbern (»Herumstöhren«), Herausziehen von Büchern oder eigenmächtiges Herumgehen in der Bibliothek untersagt (»18. Ohne den Bibliothekar darum begrüßt und einen Begleiter erhalten zu haben, geht man nicht in der Bibliothek umher.«[39]). Der Schutz der Bestände wie der ungestörten Arbeit der Benutzer, auch damals schon im wesentlichen wissenschaftlich Interessierte, stand schon damals im Konflikt mit den Interessen der museal orientierten Besucher.

Dokumente über solche Besucher und ihren Eindruck von der Bibliothek sind die seit 1781 geführten Besucherbücher der Bibliothek, in die sich bekanntere Gäste eintragen durften. So tat dies etwa Friedrich Schiller bereits drei Wochen nach seinem Eintreffen in Weimar, am 16. August 1787. Er wußte die Weimarer Bibliothek aufgrund ihrer Bestände zu schätzen, so schreibt er seinem Freund Körner am 18. August folgendes: »Die hiesige Bibliothek ist ansehnlich und in musterhafter Ordnung erhalten. Hier ist ein Realkatalog, dass jedes Buch in seinem Fach in wenigen Minuten zu finden ist. Die Geschichte und die klassischen Autoren sind vortrefflich besetzt.«[40]

Unter anderem firmiert in dem ersten Besucherbuch der Bibliothek neben zahlreichen fürstlichen und geistlichen Personen unter dem 4. Juni 1788 »Arnim aus Berlin«, unter dem 12. Juni

1797 »J.G. Fichte, Prof. d. Phil. zu Jena«, unter dem 11. Oktober 1798 »Prof. Schelling« und gleich am 13. Oktober »Prof. Schlegel«.

Schiller nutzte die Weimarer Bibliothek bei weitem nicht so ausgiebig wie sein Freund und Kollege, insgesamt sind nur 64 Entleihungen für ihn belegt. In der Regel bevorzugte er die Universitätsbibliothek in Jena, doch half ihm die Weimarer Bibliothek mit historischen Büchern bei der Vorbereitung seiner Studien zur *Jungfrau von Orléans* und zu *Wilhelm Tell*. Damals lieh er aus der Gottschedschen Dramensammlung *Ein schönes Spiel / gehalten zu Ury in der Eidgenossenschaft von Wilhelm Thellen ihren Landsmann und ersten Eidgenossen. Samt dem Thellen Lied gedruckt im Jahr Christi MDCXCVIII.*

SCHILLERS SCHÄDEL:
DIE BIBLIOTHEK ALS TEMPEL DER
NEUEN »KUNSTRELIGION«

✱ ✱ ✱

Als 1806 die napoleonischen Soldaten Weimar durchzogen und plünderten, fürchtete natürlich jeder mit der Bibliothek Verbundene auch um deren Bestände, doch interessierten sich die Soldaten nicht für Bücher. Hingegen war es zahlreichen Bürgern Weimars sehr schlecht ergangen, der Bibliothekar Vulpius hatte all sein Geldvermögen, das er in seinem Haus aufbewahrt hatte, verloren, Georg Melchior Kraus, Maler und Zeichenlehrer an der Weimarer Mal- und Zeichenschule, gar in Folge von schweren Mißhandlungen durch die Soldaten sein Leben. Goethes Haus war verschont geblieben, er hatte sich klug eine Offizierseinquartierung ausbedungen und alle Soldaten gut bewirten lassen. Auch Schillers Witwe scheint unter den Plünderungen nicht sehr gelitten zu haben. Er selbst mußte später, genau gesagt: einundzwanzig Jahre nach seinem Tod, Seltsames über sich ergehen lassen: Denn hätte er es sich wohl träumen lassen, daß ein wesentlicher Teil seines Körpers, sein Schädel (oder der, den man dafür hielt, denn im Kassengewölbe, seinem Begräbnisort auf dem Jakobsfriedhof, wo nichtvermögende adlige Bürger der Stadt bestattet werden konnten, waren bei seiner Exhumierung fast einundzwanzig Jahre nach seinem Tod zahlreiche Gerippe und Schädel als mögliche Schiller-Reliquien in Frage gekommen ...) von seinem Sohn Ernst, in blaues Papier eingeschlagen, Goethes Sohn August übergeben würde, damit dieser Schädel, einer Heiligenreliquie vergleichbar, in der Bibliothek, die dementsprechend als »heiliger Tempel« bezeichnet wird, in einem Säulenschränkchen deponiert werden würde?

»Von dem Gedanken erfüllt, dem Andenken des Dichters ein Denkmal an besonderer Stelle zu errichten, hatten sie die einstweilige Überführung der Reliquie in die Bibliothek angeordnet … Die Schillersche Familie willigte ein und am 17. September 1826 fand in feierlicher Weise die Niederlegung statt.«[41]

Vorausgegangen war ein kleiner Skandal: Die Überfüllung des Kassengewölbes war entdeckt worden. Es war notwendig geworden, einige Gebeine zu entnehmen, was in einer Nacht- und Nebel-Aktion zwischen dem 17. und 19. März 1826 erfolgte. Das Durcheinander der nicht mehr zuzuordnenden Gebeine war groß, doch dann folgte die spontane Identifizierung des größten vorhandenen Schädels als des Schillerschen durch den »Ausgräber« und Bürgermeister Karl Leberecht Schwabe in dessen Haus, wo dieser sogenannte Schiller-Schädel bis zum 17. September Aufenthaltsrecht bekam.[42] Die Idee, diesen Schädel künftig in der Bibliothek aufzubewahren, stammte im übrigen von Großherzog Carl August. Goethe selbst hatte den Plan der »Translatio« in die Bibliothek nicht befürwortet, er dachte eher an eine würdige Grabstätte auf dem neuen Friedhof. Er war mittlerweile alleine verantwortlich für die wissenschaftlichen und kulturellen Einrichtungen des Fürstentums, denn schon Jahre zuvor, am 22. März 1819, war sein langjähriger Kollege in Bibliotheks- und anderen Sachsen-Weimarischen Angelegenheiten, der Minister von Voigt, gestorben. Genausowenig war die Veranstaltung von Kirchenseite gern gesehen, hier fiel als Kommentar das Wort »huronenmäßig«, also den Sitten eines Indianerstammes entsprechend.[43] Der Großherzog aber setzte sich und damit in der Folge ein ganzes Programm der quasi heiligmäßigen Verehrung von Dichtern, sowohl der verstorbenen wie auch der noch lebenden, durch. Gerade in protestantischen Ländern[44] Deutschlands war diese neue »Kunstreligion« wahrscheinlich ein den seelischen Bedürfnissen der »Zurückgebliebenen« gemäßes Phänomen, dem sie nur allzu gerne mit selbsterfundenen Ritualen huldigten.

Goethe blieb dem Ereignis, der »Function«, wie er es in seinen Tagebüchern nennt, fern, wenngleich er im Vorfeld seine Präsenz erwogen hatte. Er ging statt dessen am 17. September 1826 mit der Schwiegertochter Ottilie in Bad Berka spazieren. Am Morgen hatte er noch mit seinem Sohn August, dem Kammerrat, eine »Verabredung … wegen des heutigen Actes« gehabt, offenbar diktierte er ihm die zu haltende Rede in die Feder. August entschuldigte seinen Vater: Zu große Emotionen hätten ihn über die Maßen bewegt.

Wo genau nun aber wurde Schillers Schädel am 17. September 1826 deponiert?

Man hatte eine Art von Reliquienschrein in den Sockel der Marmorbüste Schillers von Dannecker eingebracht – Carl August hatte die Marmorbüste aus dem Nachlaß Charlotte von Schillers erworben und 1826 in der Bibliothek aufstellen lassen –, die der Trippelschen Marmorbüste Goethes gegenüber plaziert worden war. In diesem Gehäuse wurde der Schädel, also für Unwissende unsichtbar, deponiert. Goethe war in seiner Funktion als oberster Verantwortlicher für die Bibliothek auch als einziger in Besitz eines Schlüssels zu diesem Schränkchen. Er hatte verfügt, daß die kostbare »Reliquie« nicht ungesichert aufbewahrt und auch nur solchen Personen gezeigt werden dürfe, die nicht aus Neugier kamen, sondern geleitet von der Erkenntnis »dessen, was jener große Mann für Deutschland, für Europa, ja für die ganze kultivierte Welt geleistet hat.«[45]

Genau eine solche ungesicherte Aufbewahrung aber sollte wenige Tage später einsetzen. Schon am 24. 9. »meldeten sich Schröter und Färber mit dem Schillerischen Schädel«.[46] Schröter und Färber kamen aus Jena, ersterer war dort Prosektor am anatomischen Kabinett, letzterer war am naturwissenschaftlichen Museum angestellt. Sie meldeten sich – natürlich – bei dem Besitzer des Schlüssels, um den Schädel an den folgenden Tagen gründlich zu reinigen und in dessen Haus aufzustellen, auf einem blausamtenen Kissen, mit einem Glassturz darüber, wie der einzige Gast, der den Schädel in jenem Jahr überhaupt sehen durfte, Wilhelm von Humboldt, kolportiert. Der Schlüsselbesitzer Goethe dichtete während der langwierigen Reinigungsprozedur *Bei Betrachtung von Schillers Schädel*. Im Tagebuch bezieht er sich auf dieses Werk immer nur unter dem Stichwort »Terzinen«. Seine zunächst unheimlich, im »Beinhaus«, einsetzende Dichtung endet mit einer wahren Eloge auf den Genius des zu früh hingeschiedenen Freundes, der ihm in Form seines Schädels noch einmal konkret, er hätte gesagt: anschaulich geworden war und gleichzeitig gerade durch diese Anschaulichkeit weit über seine Individualität, ins Allgemeine hinauswies:

»...Wie mich geheimnisvoll die Form entzückte!
Die gottgedachte Spur, die sich erhalten! ...
Geheim Gefäß! Orakelsprüche spendend,
Wie bin ich wert, dich in der Hand zu halten,
Dich höchsten Schatz aus Moder fromm entwendend
Und in die freie Luft zu freiem Sinnen,
Zum Sonnenlicht andächtig hin mich wendend.

Was kann der Mensch im Leben mehr gewinnen,
Als dass sich Gott=Natur ihm offenbare?
Wie sie das Feste lässt zu Geist verrinnen,
Wie sie das Geisterzeugte fest bewahre.«[47]

Die Terzinen sind das letzte der großen naturphilosophischen Altersgedichte Goethes, der darin die Gleichung Gott = Natur aufstellt, ein zentraler Gedanke für ihn.[48]

Schillers Schädel blieb fast ein ganzes Jahr im Goetheschen Besitz, der dessen Anschaulichkeit wahrscheinlich aufgrund seiner osteologischen Studien gerade in der fraglichen Zeit brauchte. Erst am 29. August 1827 ruhte er wieder im Postament der Schillerbüste in der Bibliothek, denn König Ludwig von Bayern hatte seinen Besuch dort angekündigt, und zwar explizit, um Schillers Schädel zu sehen. Der König war letztlich von diesem Aufbewahrungsort wenig angetan, und wenig später war auch Großherzog Carl August der Ansicht, daß es angemessener wäre, den Schädel und die als Schillersche aus dem Kassengewölbe gehobenen Gebeine zukünftig in der Fürstlichen Gruft auf dem neuen (heute: Historischen) Friedhof ihre letzte Ruhe zu finden lassen, diesmal in einem eichenen Sarg. Um die Verwirrung perfekt zu machen, wurde diesem ab 1914 nach einer erneuten Ausgrabungskampagne im Kassengewölbe ein zweiter, unbeschrifteter Sarg beigeordnet, mit ebenfalls als Schillers Gebeine vermuteten Knochen und einem weiteren Schädel.[49]

In der Bibliothek fanden Schädel in der Folge keine Aufstellung mehr, wohl aber, wie erwähnt, zahlreiche Büsten, sie zählen zu den eindeutig dem Klassizismus zuzuordnenden Beigaben der Ausstattung.

Schon 1808, ein Jahr nach Herzogin Anna Amalias Tod, waren

ihre Büste und die ihres Bruders Friedrich August von Braunschweig-Oels, in kostbarem Marmor von Carl Gottlob Weißer skulptiert, in der Bibliothek aufgestellt worden, während ein äußerst schlichtes Grabmal in Form eines Lindenholzreliefs in der Weimarer Stadtkirche St. Peter und Paul, wo sie neben ihrem Bruder in Altarnähe ruht, noch bis zum Jahr 1822 auf sich warten lassen sollte. Die Aufstellung der beiden monumentalen Marmorbüsten von Weißer in der Bibliothek ist daher sicherlich ebenfalls von symbolischem Wert, denn zu vermuten steht, daß der eigentliche Erinnerungsort für die Herzogin der Bücher, Förderin der Bibliothek und Vertraute vieler Schriftsteller, die Bibliothek und nicht die Kirche sein sollte.[50]

Somit hatte sich mit dem Zeitpunkt von Anna Amalias Tod, denkt man an das seit 1766 befolgte Konzept einer Würdigung bedeutender Zeitgenossen durch Porträtplastiken in der Bibliothek, der Akzent verschoben hin zu einem Memorialkult, der die bedeutenden verstorbenen Weimarer feiern sollte. Beide Praktiken liefen noch eine Zeit parallel; so war die Anfertigung seiner eigenen kolossalen Marmorbüste von David d'Angers natürlich ein Ereignis, würdig, daß Goethe es seinem Tagebuch anvertraute. Für den 23. August 1829 notierte er das Eintreffen des Pariser Bildhauers. Der Franzose äußerte den Wunsch, des Dichters Büste zu fertigen, was Goethe »ad referendum«[51] nahm.

Die folgenden Tage, vom 26. August bis zum 1. September, gingen schon mit der Anfertigung der Tonform hin, die dann sogleich von der Großherzoglichen Familie und zahlreichen Freunden besehen wurde. Am 9. September reiste David d'Angers ab. Die Verewigung noch lebender Künstler, insbesondere Schriftsteller, durch Reliefmedaillons war geradezu eine Spezialität des französischen Bildhauers, der weiterhin in Kontakt mit

GOETHEBÜSTE VON DAVID D'ANGERS

Goethe stand und über dessen große Sendung an Goethe es bei Eckermann unter dem Eintrag vom 7. März 1830 heißt: »Unterdessen hatte der Bediente Friedrich eine große von Paris angekommene Kiste ausgepackt. Es war eine Sendung vom Bildhauer David, in Gips abgegossene Porträts, Basreliefs, von siebenundfünfzig berühmten Personen … Besonders erwartungsvoll war ich auf Mérimée; der Kopf erschien so kräftig und verwegen wie sein Talent, und Goethe bemerkte, dass er etwas Humoristisches habe. Victor Hugo, Alfred de Vigny, Emile Deschamps zeigten sich als reine, freie, heitere Köpfe ... So gingen wir von einer bedeutenden Person zur andern, und Goethe konnte nicht umhin, wiederholt zu äußern, dass er durch diese Sendung von David einen Schatz besitze, wofür er dem trefflichen Künstler nicht genug danken könne. Er werde nicht unterlassen, diese Sammlung Durchreisenden vorzuzeigen und sich mündlich über einzelne ihm noch unbekannte Personen unterrichten zu lassen.«[52]

Vermutlich war von Weimar und speziell seiner Bibliothek in den seit 1766 verstrichenen über 60 Jahren eine Art von Mode, Bildnisbüsten noch lebender Persönlichkeiten des öffentlichen Lebens und besonders der Kultur anzufertigen, ausgegangen.

Es nimmt in diesem Zusammenhang nicht wunder, daß der Goethegeburtstag am 28. August 1831 als Anlaß gewählt wurde, um die »colossale« Marmorbüste Goethes in der Großherzoglichen Bibliothek aufzustellen. Ein Festakt begleitete diese Verewigung eines lebenden Dichterfürsten, der selbst jedoch nicht anwesend war, denn seit des unzeitigen Tods seines Sohns August im Oktober 1830 in Rom litt die Gesundheit des Olympiers. Diesmal weilte er mit den Enkelkindern im Thüringer Wald.

Zahlreiche Rezitative, Chorgesänge, Lieder und Gedichte wurden bei dem Ereignis vorgetragen, Goethe wurde als »Mehrer Du im Reich des Schönen!« bezeichnet. Der Grund für seine Verewigung im Reich des Geistes, in der Bibliothek, war leicht einzusehen: »Vorüberfliegend ist des Menschen Leben, doch seiner That ist Ewigkeit gegeben.«[53]

Die Tendenz der Musealisierung der Weimarer Bibliothek sollte sich nach Goethes Tod verstärken. Zu diesem Zeitpunkt besaß sie einen Bestand von 80.000 Bänden, und die Zahl der auswärtigen Besucher wuchs ständig. Es waren adlige und fürstliche Personen, Kleriker sowie Gebildete, die ihren Weg zu diesem Ort fanden und einen Eintrag in den Besucherbüchern hinterließen. Sie kamen, je weiter die Zeit voranschritt, auch aus entfernten Gegenden, den Vereinigten Staaten, Südamerika und Rußland, später auch aus Japan und Afrika, aber natürlich auch aus allen europäischen Ländern und deutschen Städten. Am 29. November 1843 trug sich Friedrich Rückert im Besucherbuch ein, Anfang 1844 mit der Berufsbezeichnung »Bibliothekar zu Meiningen« der als Märchen- und Sagensammler berühmt gewordene Ludwig Bechstein, ein Sohn Weimars, und am 20. August 1852 Thomas Carlyle, der schottische Schriftsteller und Sohn armer Leute, der mit seinem Buch *Über Helden und Heldenverehrung* (1841) im Kern das Anliegen der Weimarer Bibliothek traf: Die Verehrung großer Männer (und einiger Frauen) des Geistes. Im Grunde war nach Goethes Tod ein Besuch seiner Wirkungsstätte gleichbedeutend mit einem Bibliotheksbesuch, denn bis zum Tode der Goetheenkel war ein Besuch des Goethehauses in der Regel nicht möglich.

Am 5. August 1861 trägt sich Richard Wagner gemeinsam mit Emile Ollivier, dem Ehemann der Tochter aus der Beziehung von Franz Liszt und Marie d`Agoult, Blandine, ein, es folgt die Unterschrift von Hans von Bülow, dem Ehemann von Cosima, ebenfalls Liszts Tochter, – beide Ehen waren 1857 geschlossen worden. Während Blandine 1862 starb, ließ sich Cosima 1870 von Bülow scheiden, um Richard Wagner zu heiraten. Der Eintrag von Iwan Turgenjew, dem russischen Schriftsteller, der meist im Ausland lebte und mit Kollegen in ganz Europa, etwa auch Theodor Storm, befreundet war, erfolgt 1870 (ohne genaues Datum). Im Jahr 1883 (2. August) besuchte »Professor Dr. Dehio – Königsberg in Pr.« die Bibliothek, der Kunsthistoriker, dessen Werke noch heute vielfach die kunsthistorisch interessierten Reisenden durch Deutschland begleiten. Es war eine Zeit, in der zu den Individualreisenden nun verstärkt Schülergruppen kamen, damals oft aus Pensionaten, deutsche Gruppen zumeist, aber auch solche aus England, Frankreich und der Schweiz. Hugo von Hofmannsthal signiert mit seiner säuberlichen großen Schrift am 30. August 1903. Im Ersten Weltkrieg dann weist das Besucherbuch nur sehr wenige Einträge auf, kein Wunder, man reise jetzt einfach nicht mehr.

NACH GOETHE: DIE BIBLIOTHEK
ALS IDENTIFIKATIONSORT DER DEUTSCHEN
UND MUSEUM DER WEIMARER KLASSIK

✳   ✳   ✳

Zum 100. Geburtstags Goethes 1849 wurde in der Weimarer Bibliothek eine große Feier abgehalten. Es war nur eine von zahllosen Ehrungen des Dichters in ganz Deutschland, dessen Bedeutung man in der damaligen Zeit gelegentlich sogar mit der Napoleons verglich.[54] Aber natürlich hatte Weimar den zweifellosen Vorteil, daß es über die Orte verfügte, an denen der Dichter wirklich gelebt und gedichtet hatte. Auch aus diesem Grunde feierte man in Weimar gleich drei Tage lang, vom 27. bis zum 29. August, und das Programm, das den Geladenen in der Bibliothek (am 28. August) geboten wurde, war nur ein wenn auch bedeutender Mosaikstein in einer Kette von großen kulturellen Ereignissen – die in der Presse gleichwohl nicht bestehen konnten, weil den Journalisten einfach nichts für diesen Anlaß würdig genug gewesen wäre.[55] Der 100jährige Goethe-Geburtstag war genutzt worden, um gleichzeitig den neuen nördlichen Bibliotheksanbau zu eröffnen, der durch Clemens Wenzeslaus Coudray, den in Weimar bedeutend wirkenden Oberbaudirektor des Hoch- und Spätklassizismus (1775-1845), im Jahr 1844 entworfen worden war – er war es auch, der die Fürstengruft geplant hatte. Es war dies der zweite Erweiterungsbau des Grünen Schlößchens, denn schon 1803-1805 war auf der Südseite des Gebäudes zwischen der Bibliothek und dem früheren Turm der Stadtmauer (heute: Bibliotheksturm) nach einer Fassadenskizze von Heinrich Gentz ein Verbindungsgebäude entstanden; es ging auf eine Idee von Goethe zurück, der auch die Bauleitung übernommen hatte. Und 1825 war der Bibliotheksturm selbst nach Entwürfen des Stadtbaumeisters Carl Friedrich Christian Steiner ausgebaut worden. Als wichtigstes »Erschließungsinstrument« gelangte damals eine Treppe in das Gebäude, die ursprünglich die Osterburg in Weyda zierte. Die beeindruckende Treppenspindel besteht aus einem einzigen langen Holzstamm. Der Dichter Karl Große (1768-1847) widmete dieser Treppe schon vorab 1840 zu ihrem 200. Geburtstag 1871, dieses kleine Gedicht:

> Die Treppe, die im Turm sich findet,
> die in drei Gallerien mündet
> Und frei sich tragend, selbst sich stützt
> Aus einem Eichbaum ward geschnitzt
> Von einem Sträfling wunderbar:
> Die feiert heut »zweihundert Jahr«! –
> Im Stamm geschnitten stehet da:
> »Am Tage Margaretha   1671«[56]

Schon vorher war in den unteren Teil des Turms das Münzkabinett eingebracht worden,

Der Hauptgrund für den südlichen Anbau durch Coudray war natürlich die im Laufe der Zeit jeden vorhandenen Platz sprengende ständig wachsende Büchersammlung. Das neue Gebäude bot aber auch ein feuersicheres Treppenhaus, denn Coudray hatte nicht, wie denkbar und üblich gewesen wäre, einen dreiflügeligen Baukörper an das Schlößchen gesetzt, sondern einen ganzen Würfel. Diesem Umstand sind letztlich auch die neuesten Erkenntnisse über die ursprünglichen Farbfassungen

DIE BIBLIOTHEK UM 1830. STAHLSTICH VON A. GLAESER

zu verdanken, denn just an der nördlichen Wand des Grünen Schlößchens wurde bei der Restaurierung 2006 die ursprüngliche Farbgebung vor Coudray, also aus der Zeit von Gentz, sichtbar. Daß die massive Bauweise der Wände durch Coudray, die sich bei dem Brand von 2004 segensreich auswirkte, zur Zeit ihrer Entstehung gerade bei dem Bibliothekar Theodor Kräuter (1790-1856) nicht auf Gegenliebe stieß, bezeugt sein Brief vom 2. Pfingsttag 1845 an Johann Peter Eckermann (1792-1854): »Nachdem bald Jahr und Tag an dem Bibliotheksanbau gearbeitet worden war, beliebte es erst der Ober-Baubehörde, der Oberaufsicht die gefertigten Risse vorzulegen und ihr die bestimmten Dispositionen zu eröffnen. Im Vertrauen gesagt, halte ich diesen Bau für ziemlich verfehlt. Was soll uns eine Mauerstärke von 8 bis 10 Fuß, wenn die größten Zimmer nur 19 Fuß in Quadrat haben! Das sind mehr Gefängnisse als Bibliothekszim-

DER BÜCHERTURM IN DER BIBLIOTHEK

mer! Was soll uns ein brillantes, die kleine Hälfte des ganzen Raumes hinwegnehmendes Treppenhaus, wenn die Expedition wegen Knappheit der neuen Zimmer im alten Lokale bleiben muß!.«[57]

Die heutige Farbfassung des Gebäudes greift die Gestaltung durch Coudray wieder auf, der trotz seiner puristischen Architekturauffassung an seinem Anbau die Rocaille-Elemente des Rokokoschlößchens auf den Lisenen wiederholte, aber im Unterschied zur weißen Außenhaut in der Anna-Amalia-Zeit nun mit Ocker und Neapelgelb arbeitete, um der Fassade ein einheitliches Äußeres zu geben. Auch die Gestaltung der Fensterportale ist deutlich erkennbar klassizistisch geprägt.

Die Weimarer Goethe-Feier 1849 begann am 27. August mit zahlreichen Festlichkeiten.

Am 28. August zog man zunächst vom Rathaus zur Fürstengruft, wo weißgekleidete Mädchen auf den Särgen Goethes, Schillers, Carl Augusts und Herzogin Louises Kränze niederlegten. Um 11 Uhr erfolgte dann die feierliche Einweihung des Bibliotheksanbaus. Der Bibliotheksdirektor, Philologe und Mythologieexperte Ludwig Preller (1809-1861), seit 1847 im Amt, hielt die festliche Rede: Zu Goethes Zeit sei Bildung das höchste Gut aller Menschen gewesen. Demgegenüber empfinde er gegenwärtig mit vielen anderen Menschen die Mängel der nationalen und politischen Zustände stärker und tiefer als je zuvor und rege an, in der Zukunft zu versuchen, ein Gleichgewicht zwischen Altem und Neuem herzustellen. In der Revolution von 1848 hatte es in Weimar eine gütliche Einigung zwischen dem Volksbegehren und dem Großherzog als feudalem Herrscher gegeben, auch hierauf spielte Preller an. In Goethe solle man neben dem großen Dichter auch den großen Deutschen verehren, jeder sei aufgerufen, alle Kräfte aufzuwenden, »bis endlich wieder kommt, was unserem Vaterlande und unserem ganzen Zeitalter am meisten fehlt, ... eine neue Aussaat des Geistes in so großen Männern, wie Deutschland sie oft genug gehabt hat, um mit Sicherheit auf ihre Wiederkehr zu rechter Zeit und an dem rechten Orte rechnen zu dürfen: hoffentlich in einer von diesen Gegenden des centralen Deutschlands, von wo nun zu wiederholten Malen die mächtigsten Bewegungen einer geistigen Regeneration ausgegangen sind, und welche von der Geschichte recht eigentlich dazu ausersehen zu sein scheinen, die ganze Eigenthümlichkeit Deutschlands, seine Zertheilung und übergroße Mannigfaltigkeit, aber auch die gehäuften Schätze seiner Bildung und sein reiches und unermüdliches Geistesleben wie im Miniaturbilde darzustellen.«[58]

Man bemerkt auch in anderen schriftlichen Lobreden auf Goethe die Verbindung des 100. Geburtstags mit den nationalen und politischen Wünschen der Deutschen: Zum erstenmal wurde Goethe bei diesem Anlaß zu politischen Zwecken vereinnahmt. Es ging darum, dem »Ruf nach einem einigen, freien und mächtigen Deutschland«[59] eine mächtige (Geister-)Stimme zu verleihen: Es sei Goethe und seiner literarischen Leistung zu verdanken gewesen, daß Franzosen und Briten nun auch Deutschland und der deutschen Sprache die verdiente Anerkennung zollten.

Neben der Rede Prellers wurde eine Cantate mit Musik des Kapellmeisters Chelard aufgeführt, die ebenfalls die Verbindung des Alten mit dem Neuen, hier: den neuen Anbau am alten Gebäude, mit den pathetischen Worten eines Unbekannten in Goethescher Manier preist:

»Nicht verschmähen wir das neue,
Das die Geister emsig weben;
Doch das Alte sei daneben
Wohl bewahret unsrer Treue …«[60]

Die Aufführung von Goethes *Torquato Tasso* im Hoftheater mit einer eigens von Franz Liszt komponierten Ouvertüre und einem Festmarsch folgte am Abend des 28. August; der dritte Tag der Goethe-Feierlichkeiten hatte schließlich Volksfestcharakter, wurde doch Goethes Stück (mit Musik von Anna Amalia) *Das Jahrmarktsfest zu Plundersweilern* in einer Freilichtaufführung gegeben und fand außerdem ein festliches Konzert erneut unter Franz Liszts Leitung mit Musik von Mendelssohn-Bartholdy, Franz Schubert, Liszt selbst und Robert Schumann statt – all die genannten Komponisten hatten Goethesche Texte in Töne gesetzt. Die Aufführung von Beethovens 9. Symphonie bildete abends den Abschluß.

Das noch im privaten Besitz der Goethe-Enkel befindliche Goethehaus, seit 1840 für Besucher geschlossen, war an allen drei Tagen ausnahmsweise öffentlich zugänglich. Es bot sogar eine kleine Ausstellung zu Ehren des Dichters, doch blieben Ottilie von Goethe ebenso wie ihre Söhne Walther und Wolfgang den Feierlichkeiten fern. Auch die Fürstengruft, die großherzoglichen Kunstsammlungen und die Dichterzimmer für Goethe, Schiller, Wieland und Herder im Residenzschloß standen interessierten Besuchern in diesen Tagen offen.

Die Säkularfeier von Goethes Geburtstag war ein Höhepunkt innerhalb der Bibliotheksgeschichte. Sie täuschte ein wenig darüber hinweg, daß die Bibliothek seit Goethes Tod nicht mehr im

Zentrum der Weimarer Kulturpolitik stand. 1849 war daneben auch das Jahr, in welchem die bisherige Oberaufsicht über die wissenschaftlichen und künstlerischen Anstalten im Kleinstaat abgeschafft wurde, was die Stärkung der Position Ludwig Prellers als Bibliotheksdirektor und aller Direktoren nach ihm zur Folge hatte, wurden sie doch letztlich sowohl als Goethes Sachwalter wie Nachfolger verstanden. Jedoch mußten sie seit Großherzog Carl Augusts und Goethes Tod mit wesentlich weniger Geldmitteln auskommen.[61] Der Not gehorchend formulierte Ludwig Preller daher schon anläßlich seines Amtsantritts 1847 die Grundsätze, nach denen er Prioritäten setzen wollte: Ausweitung der Bestände in Reformations- und Revolutionsgeschichte und all jener Literatur, die den Behörden in Weimar von Nutzen sein konnte, aber auch der neuen in- und ausländischen Literatur zum Zweck der Unterhaltung. Er erbat des weiteren Geschenke und strebte eine größere Zusammenarbeit mit der Universitätsbibliothek Jena an, etwa auch beim Dublettentausch.[62]

Die Bibliothek war jetzt in erster Linie als museale Einrichtung bekannt und nicht mehr als Ort der Forschung. Der Schriftsteller Adolf Stahr, Ehemann von Fanny Lewald, zeigte sich bei seinem Besuch in Weimar 1851 beeindruckt von dem »Monument« deutscher Geistesgeschichte, als welches er die Bibliothek ansah: »Der Gedanke, die Aufbewahrung literarischer Geistesschätze zugleich durch die portraitierende Kunst des Malers und Bildhauers an die Erinnerungen von Deutschlands glänzendster Literaturperiode zu knüpfen, und mit denselben die großen Namen des Weimarischen Fürstenhauses, und die bedeutungsvoll in den Weimarer Kreis hineinragenden Zeitgenossen zu verbinden, ist bei geringen Mitteln, durch ein Zusammentreffen günstiger Umstände, ein so würdiger zu nennen, dass man in diesem Betrachte unbedenklich diese Bibliothek von Weimar zu den gelungensten monumentalen Schöpfungen neuerer Zeit rechnen kann.«[63]

Das Goethesche Ideal der Universalbibliothek konnte auf Dauer nicht mehr aufrechterhalten werden, hingegen partizipierte die Bibliothek an der Popularisierung von Lektüre – hier spielte die Lesegesellschaft eine Rolle, die von der mit Carl Augusts Sohn Carl Friedrich vermählten Zarentochter Maria Pawlowna 1831 mitgegründet wurde und der sie in ihrem letzten Lebensjahr ein eigenes Gebäude, das sogenannte »Lesemuseum« am heutigen Goetheplatz hatte errichten lassen: Die Lesegesellschaft stellte ihren Mitgliedern die unterschiedlichsten Zeitschriften zur Verfügung, die wiederum nach einigen Monaten der Benutzung auf die Bibliothek kamen. Zudem bewilligte Maria Pawlowna oft Sondermittel für Neuerwerbungen. Doch war diese später als »Silberne Zeit« von Weimar bezeichnete Epoche nicht mehr in erster Linie der Literatur, Geschichte und Philosophie verpflichtet, der Schwerpunkt war jetzt die Musik, und der Protagonist dieser Epoche wurde schon ab 1842 und bis 1858 Franz Liszt. Der Großherzoglichen Bibliothek kam in diesem neuen Weimarer Szenario die Rolle eines Gedenkorts zu, die Hauptaufgabe sahen sowohl der Bibliothekar zwischen 1827 und 1845, Friedrich Wilhelm Riemer, als auch Ludwig Preller und Adolf Schöll (1805-1882), der Nachfolger Prellers von 1861 bis 1881, in der Goetheverehrung, denn es war in Weimar unmöglich geworden, in Sachen Bucherwerb an die Standards etwa von Universitätsbibliotheken anzuschließen. Ebenso war es unter den damaligen leitenden Bibliothekaren wie überall so auch in Weimar Usus, neben der Tagesarbeit weiter an eigenen wissen-

PAUL VON BOJANOWSKI

schaftlichen Projekten zu arbeiten: Letztlich war diese Generation von Bibliothekaren eigentlich nur nebenamtlich mit der Bibliotheksarbeit befaßt, die Auffassung des Bibliothekarsberufs war eine völlig andere als heute. Gleichwohl geht auf Ludwig Preller ein dreibändiger handschriftlicher Katalog zurück, in dem erstmalig der Handschriftenbesitz der Weimarer Bibliothek erfasst wurde, er diente bis ins 20. Jahrhundert als wichtiges Erschließungsmittel.[64]

Um 1875 konnte eine Bestandserhebung 175 000 Bände ausweisen, damit blieb die Weimarer Bibliothek, die im 18. Jahrhundert und noch zu Beginn des 19. Jahrhunderts eine im deutschen Bereich wichtige Stellung in der Bibliothekslandschaft eingenommen hatte, weit hinter Hof- und Staatsbibliotheken wie denjenigen in München, Berlin, Dresden und den aufstrebenden Universitätsbibliotheken zurück. Gerade der Platz- und Personalmangel und die komplizierte Katalogsituation waren für die Benutzer oft ein Hemmnis, und sie zogen die nahe Jenaer Universitätsbibliothek in diesen Jahren oft vor.

Bis zur Abdankung des letzten weimarischen Großherzogs, Wilhelm Ernst, 1918, blieb das Weimarer Fürstenhaus in Sachen Etat, Personalentscheidungen, Bestandsentwicklung und Benutzungsordnungen maßgebend – alle diese Fragen wurden wohl vom Bibliotheksdirektor entwickelt, er unterbreitete Vorschläge, entschieden wurde jedoch durch das Großherzoglich-Sächsische Staatsministerium (ab 1890: Departement des Kultus).

Ein wichtiger Bibliotheksdirektor war Ende des 19. Jahrhunderts Paul von Bojanowski (1834-1915), der Rechts- und Staatswissenschaften in Halle, Heidelberg und Berlin studiert hatte. Er war 1863 vom Staatsministerium nach Weimar berufen worden, hatte hier die *Weimarische Zeitung* fast dreißig Jahre lang geleitet und dabei die Idee der »großen Vergangenheit Weimars« deutschlandweit verbreitet. 1893 wurde er aufgrund dieser langjährig erworbenen Verdienste zum Oberbibliothekar ernannt, in Nachfolge Reinhold Köhlers (1830-1892), der als der gelehrteste aller neueren Bibliothekare und als Polyhistor galt, von 1882 bis 1892 in der Nachfolge Schölls die Geschicke der Bibliothek geleitet, die Verbindung von Literatur- und Goetheforschung vorgelebt, viel publiziert und eine beeindruckende Korrespondenz mit Briefpartnern aus vielen Ländern geführt hatte, darunter Ludwig Bechstein, Karl Gutzkow, Friedrich Hebbel und Hoffmann von Fallersleben. Der Tod des unverheiratet gebliebenen wandelnden Lexikons oder »Weimarischen Orakels« Köhler infolge eines Sturzes von einer Bibliotheksleiter ist bis heute für die Weimarer Bibliothekare Menetekel. Die Erwerbung der bedeutenden Privatbibliothek Reinhold Köhlers mit 2600 Titeln, – volkskundliche Schriften, seltene Märchen- und Volksliteratur sowie germanistische Werke – war im Jahr 1893 eine der ersten Taten von Bojanowskis. In der Folge seiner noch 20jährigen Arbeitstätigkeit baute die Bibliothek dann den Zweig der Volkskunde aus, von Bojanowski arbeitete selbst zu politischen, historischen und kulturellen Themen. Gerade die Bibliotheksgeschichte war eines seiner Lieblingsgebiete, auch fühlte er sich der Großherzoglichen Familie sehr verbunden. Entsprechend wurden die Bücher und Musikalien Maria Pawlownas nach deren Tod ihm übergeben, ebenso vermachte Prinz Hermann (1825-1901) im Jahr 1901 die Bibliothek seines Vaters Prinz Bernhard der Bibliothek: 2500 Bände der Militärgeschichte, Länderkunde, Atlanten sowie Reisebeschreibungen und französische Dramen aus früheren fürstlichen Nachlässen. Von Bojanowski war es auch, der, mit Sondermitteln ausgestattet, auf einer Münchner Auktion im Jahr 1904 siebzehn Autographen Luthers erwerben konnte sowie eine Handschrift von Hans Folz mit 100 Meisterliedern. Immer wieder konnten auch antiquarische Erwerbungen, etwa Briefe Carl Augusts, Carl Alexanders und Anna Amalias, die Bestände komplettieren.

Im Laufe des gesamten 19. Jahrhunderts hatten sich die Sammelschwerpunkte Literatur und Geschichte für die Weimarer Bibliothek klar herausgeschält, das Kultusdepartement hatte speziell für die Epochen der Reformation und der Zeit der Klassik den Wunsch nach Vollständigkeit ausgesprochen. Bis zum Jahr 1913 war ein Bestand von 300 000 Bänden angewachsen, das bedeutete eine vergleichbare Größe wie die der berühmten Wolfenbütteler Bibliothek. Fast ein Drittel dieser Bestandsvermehrung war auf Schenkungen des Großherzoglichen Hauses zurückzuführen. Natürlich brachte ein solches Anwachsen der Schätze unausweichlich das Raumproblem mit sich: schon damals war die Situation unhaltbar.

Die Bibliothek wurde in den letzten Jahren des 19. Jahrhunderts und zu Beginn des 20. Jahrhunderts erneut, wie bereits in ihren Anfängen, zu einem Ort der Wissenschaftspflege, dies weist die unter von Bojanowski neuformulierte Benutzungsordnung von 1895 bereits aus, in welcher sie als eine »wissenschaftliche und Belehrungszwecken dienende Anstalt«[65] bezeichnet wird. Daneben wurden gerade unter diesem Bibliotheksdirektor zahlreiche Ausstellungen in den Bibliotheksräumen realisiert, die eine starke Außenwirkung entfalteten, auch bestückte die Weimarer Bibliothek Ausstellungen an anderen Orten mit eigenen Exponaten. Ein wichtiges Beispiel einer erfolgreichen Weimarer Ausstellung war im Jahr 1907 jene zum 100. Todestag Herzogin Anna Amalias, die vom 7.-11. April 1907 in der Bibliothek stattfand. Von Bojanowski zeigte 21 Gemälde, 7 Büsten und Ansichten Weimars sowie Handschriften aus Anna Amalias Besitz, ihr *Italienisches Tagebuch*, den autobiographischen Text *Meine Gedanken*, Die Partitur des Singspiels *Erwin und Elmire*, zu dem Goethe den Text verfaßt hatte, die Herzogin selbst die Musik, weitere Partituren aus ihrer Feder, aber auch Exemplare aus ihrer privaten Büchersammlung, so ihr Exemplar des Goetheschen *Werther*, dann Münzen und Medaillen, Geburtstagshuldigungen, Kantaten sowie historische Abbildungen und Grundrisse der Bibliothek. Ein weiteres Beispiel für diese erstrebte Außendarstellung der Bibliothek war im Jahr 1913 eine Bucheinbände-Ausstellung, die die Weimarer Buchbindergeschichte zum erstenmal ausführlich dokumentierte.[66]

DIE BIBLIOTHEK NACH DEM ERSTEN WELTKRIEG UND BIS 1969: THÜRINGISCHE LANDESBIBLIOTHEK

✳   ✳   ✳

Der Erste Weltkrieg war auch für die Bibliotheksarbeit ein großer Einschnitt. Die Zahl der Entleihungen, die im Jahr 1912 bei 3816 gelegen hatten, ging, wie auch die der Benutzer, um fast ein Drittel zurück. Gegen Ende seines Lebens formulierte von Bojanowski eine Art Resümee: Es sei nunmehr unmöglich, sich einer Spezialisierung der ursprünglich universal angelegten Weimarer Bibliothek zu entziehen. Er empfahl daher die Konzentration auf die Literatur von der Mitte des 18. bis zur Mitte des 19. Jahrhunderts und gezielte Ergänzungen in diesem Sektor. Seine Überlegungen sollten leider erst Jahrzehnte später umgesetzt werden.

Von Bojanowskis Nachfolger wurde im Jahr 1916 der Literaturgeschichtler und bisherige Hannoveraner Professor Werner Deetjen (1877-1939). Unter ihm hielt die Neuzeit Einzug in die Bibliothek, in Form des elektrischen Lichts und Telefons. Raum- und Personalmangel (es waren 1913 nur vier Mitarbeiter in Weimar beschäftigt) waren nach wie vor die Hauptprobleme in Weimar.

Auch Deetjen, wie schon seine Vorgänger, war führend in den in Weimar gegründeten literarischen Gesellschaften tätig, der Deutschen Schiller-Stiftung, der Goethe-Gesellschaft, der Dante- sowie der Shakespeare-Gesellschaft.

Eine gewaltige Zäsur auch in der Bibliotheksarbeit war natürlich das Jahr 1918 und die Abdankung des letzten Weimarer Großherzogs Wilhelm Ernst (1876-1923). Damit wechselte die Bibliothek wie auch das Goethe- und Schiller-Archiv in die Trägerschaft der Thüringer Landesregierung. 1920 erhielt die Bibliothek dann den Namen der Thüringischen Landesbibliothek, dies gemeinsam mit Meiningen, Gotha, Altenburg, Rudolstadt und Sondershausen.

Ein neuer Bildungsauftrag wurde von der Regierung eingefordert: die bisher wissenschaftlich orientierte Bibliothek sollte sich weiteren Bevölkerungsschichten öffnen. Deetjen formulierte die volksbildnerischen Auflagen, die er nolens volens, war er doch selbst Literaturwissenschaftler und stand mit zahlreichen Kollegen im wissenschaftlichen Austausch, propagieren mußte:

»Unsere Bibliothek kann jetzt nicht als eine rein wissenschaftliche weitergeführt werden, sondern muß bei dem immer stärker werdenden Bildungsstreben weiteren Kreisen dienen. Nur auf zwei Gebieten trachten wir nach einer gewissen Vollständigkeit, auf dem der Dichtung und Literaturgeschichte der klassischen Periode und der sächsisch-thüringischen Geschichte und Landeskunde.«[67]

Er wußte wohl, daß befriedigende Benutzungsbedingungen in der in den 20er Jahren mit 400 000 Büchern nun völlig überfüllten Bibliothek nur ein Traum waren. Bis in die 30er Jahre hinein gab es nur einige wenige Holzöfen, eine Warmwasserheizung installierte man erst dann, und 1937 wurde im straßenseitigen Renaissancesaal im Erdgeschoß endlich ein Benutzerlesesaal mit 24 Plätzen eingerichtet – auch dies ging natürlich auf Kosten des Buchstauraums. Im Zuge dieser Baumaßnahme wurden zwei große Fenster an der Westfront des Gebäudes eingebracht, die ursprünglichen »Ochsenaugen« fielen weg, konnten jedoch durch die behutsame Restaurierung des Berliner Architekten Walter Grunwald kürzlich (2007) wieder zurückgebaut werden.

Die Katalogsituation war inzwischen zu einem labyrinthischen System der unterschiedlichsten Teilkataloge geworden, ohne bibliothekarische Hilfe nicht zu durchschauen, der Neuerwerbungsetat auf ein Minimum zusammengeschmolzen.

Bezeichnenderweise existieren für die Jahre ab 1920, also nach der Umbenennung und Umwidmung der Bibliothek, bis 1956 weder Besucherbücher noch Gästebücher – die Thüringer Landesbibliothek führte gemessen an ihrer Bedeutung seit dem 18. Jahrhundert ein Schattendasein. Hiervon ausgenommen war lediglich die museale Einrichtung des Rokokosaals, die nach wie vor touristische Besucher anzog. Die Bibliothek als Arbeitsstätte wurde nun nicht mehr von Wissenschaftlern, die andernorts an Universitätsbibliotheken bessere Bedingungen vorfanden, sondern von Beamten und Angestellten von Ministerien oder Weimarer Behörden besucht. Ihr Ankaufsetat sank immer weiter, in den Jahren 1928 bis 1930 etwa erhielt sie nur noch 2400 Reichsmark im Jahr, ebensoviel wie eine Kreisbibliothek etwa in Passau, während die Darmstädter Landesbibliothek im gleichen Zeitraum 15mal soviel Mittel erhielt. Als Landesbibliothek hatte Weimar damit den allerkleinsten Etat in ganz Deutschland. In seinem Jahresbericht von 1931, auf dem Tiefpunkt der gesamten Entwicklung, beklagte Deetjen, daß er mit dem Etat gerade die Zeitschriftenabonnements bestreiten, aber kein einziges Buch erwerben konnte, und natürlich litt auch die »Versorgung« der vorhandenen Werke. Notwendige Reparaturen konnten nicht mehr durchgeführt werden.

Eine besondere Klientel waren die 53 als »Schriftsteller« eingeschriebenen Leser, die zwischen 1927 und 1945 nachzuweisen sind, hierunter neben Verfassern von Jugend- oder Heimatliteratur auch Wegbereiter der »Blut-und-Boden«-Literatur: Hans Severus Ziegler, Artur Dinter, Franz Kaibel und Ernst Ludwig Schellenberg, sie waren zum Teil sehr aktiv bei der geistigen Vorbereitung des Nationalsozialismus. Einen besonderen Rang nimmt unter ihnen der Weimarer Literaturhistoriker und Schriftsteller Adolf Bartels (1862-1945) ein, Protagonist des sogenannten »völkischen Rassismus«, der eine Kulturerneuerung auf völkischer Grundlage anstrebte und jahrelang neben Ernst von Wildenbruch und Paul Ernst das geistige Klima Weimars mitprägte. Sein persönlicher Nachlaß, der unter zeitgeschichtlichen Aspekten sicherlich noch eine genaue wissenschaftliche Aufarbeitung verdient gehabt hätte, ist unter die Verluste des Brandes von 2004 zu rechnen. Schließlich besuchten ab 1938 auch Mannschaftsmitglieder und Offiziere aus der SS-Kaserne Buchenwald die Bibliothek, nach der Befreiung 1945 dann einige ehemalige Häftlinge des KZs, darunter der Maler, Zeichner und Karikaturist Herbert Sandberg, der in Buchenwald als Widerstandskämpfer einsaß.[68]

Ein Gang durch die Benutzungsgeschichte der Weimarer Bibliothek ist auch ein Gang durch die deutsche Kultur und Geschichte generell: Ihre großen, von Humanität gekennzeichneten Momente zeichnen sich ebenso ab wie ihre besonders erschütternden und schmachvollen.

Weitere Erwerbungen machte die Bibliothek in den 20er und 30er Jahren des 20. Jahrhunderts nach wie vor durch Nachlässe. Nach dem Tode Wilhelm Fröhners (1834-1925), des Philologen, Altertumsforschers und Konservators am Louvre, der daneben als Privatgelehrter in ganz Europa bekannt war, gelangte 1927 durch sein Testament eine 8000 Bände umfassende einzigartige Büchersammlung, darunter wertvolle griechische Codices, Pergamentfragmente und lateinische Handschriften aus Frankreich und Italien, orientalische Handschriften, aber auch seltene Flugschriften des 16. Jahrhunderts und 13 000 graphische Blätter nach Weimar. Im Jahresbericht 1927 schreibt Werner Deetjen über diese Sammlung:

»Der Erblasser hat in seinem Testament behauptet, die Hälfte seiner Bücher sei auf keiner deutschen Bibliothek zu finden, und in der Tat bringt [birgt] seine Hinterlassenschaft Seltenheiten ersten Ranges, Werke, die nur in wenigen Exemplaren hergestellt wurden, ja Unica … Einige Bücher enthalten handschriftliche Eintragungen namhafter Persönlichkeiten wie Melanchthon, Jakob Grimm, Bettina von Arnim usw., in Richard Wagners *Das Judentum in der Musik* ist ein eigenhändiger Brief des Meisters eingeklebt, und die Korrekturbogen zu einem seiner Romane tragen die Schriftzüge Emile Zolas. An Incunabeln fehlt es nicht; erwähnt seien Ausgaben von Juvenal, Catull, Tibull, Sueton und Avian. Auch unsere Handschriftenabteilung erhielt (…) reichen Zuwachs, u.a. ein Blatt aus einer chronologischen Handschrift des achten Jahrhunderts, Papyri, zahlreiche kostbare Breviere und Messbücher…«[69]

Ab 1928 begann man mit dem Aufbau eines alphabetischen Realkatalogs in Zettelform, dem im 20. Jahrhundert in allen wissenschaftlichen Bibliotheken üblichen Erschließungsmittel. Die Zeit des 60bändigen Realkatalogs der Brüder Bartholomaei war endgültig vergangen, aber auch die zahlreichen Teilkataloge, die Sondersammlungen zugänglich machten, mußten endlich zusammengeführt werden.

Schon kurz nach der Machtübernahme durch die Nationalsozialisten gingen dann Büchersammlungen ein, die sich aus Bücherbeschlagnahmungen von politisch unliebsamen Gruppierungen rekrutierten, solche von sozialdemokratischen Ortsgruppen oder Bibelforschervereinigungen, die jedoch in der Regel nicht oder nur nach Nachweis des besonderen Interesses an dieser Literatur in der Bibliothek benutzt werden durften. In einem besonderen Projekt versucht die Herzogin Anna Amalia Bibliothek heute, die Einarbeitungen von Privatbibliotheken jüdischer Bewohner Weimars zu ermitteln.

Ein weiterer Neuzugang war die Schenkung eines Vereins, der 500 Bücher aus dem Besitz von Harry Graf Kessler an die Bibliothek gab – dessen Besitz war nach seiner Auswanderung nach Frankreich zwangsversteigert worden, was angesichts der jahrelangen Arbeit dieses verdienten Kulturbotschafters Weimars zugunsten der Kunsthalle des Großherzogs und seine Verdienste um die Cranach-Presse an Absurdität grenzt.

Ab 1933 galt es für die Bibliothekare zudem – ein nie zuvor so dagewesener Vorgang –, plötzlich unerwünscht gewordenes Schrifttum aus den Beständen zu entfernen.

Werner Deetjen beteiligte sich keineswegs aktiv an der nationalsozialistischen Propaganda und setzte lediglich die unbedingt zu beachtenden Verordnungen um. Nicht verhindern konnte er die »rassebedingte« Kündigung seines Stellvertreters, des Bibliotheksrats Paul Ortlepp (1878-1945), der aufgrund von »jüdischer Versippung« seines Amtes bereits Ende 1937 enthoben wurde. Ortlepps Frau wurde 1943 in Auschwitz umgebracht. Die späte Rehabilitierung und Berufung als Direktor der Bibliothek 1945 konnte er nicht mehr genießen, er starb einen Monat später. Und Werner Deetjen, der schon 1939 verstorben war, hatte die beträchtliche Anhebung des Bibliotheksetats während des Krieges nicht mehr erleben können, eines Etats, mit dem man aber wiederum keine Neuanschaffungen tätigen konnte, da kriegsbedingt die Verlagsproduktion sowie das Vertriebssystem der Buchhandlungen und Antiquariate mehr und mehr zusammengebrochen waren.[70]

Zwischen 1939 und 1941 war der Germanist Hermann Blumenthal kommissarischer Direktor der Weimarer Bibliothek, wurde aber nie offiziell ernannt. Blumenthals Einschätzung der Situation der Bibliothek war vernichtend: Er war der Ansicht, sie könne in keiner Weise mehr ihren Aufgaben gerecht werden. Blumenthal starb 1941 und konnte daher die von ihm angemahnten Sofortmaßnahmen nicht mehr durchsetzen. Nach ihm folgte ein Interimsregiment durch den Jenaer Universitätsbibliothekar Theodor Lockemann, der zwischen Jena und Weimar pendelte, bis Ende 1942 dann der letzte Direktor während des Weltkriegs, Robert Hohlbaum, sein Amt antrat, nach dem Ersten Weltkrieg ein wichtiger Autor historischer Romane völkischer Prägung. Gebürtiger Schlesier, hatte er 1937 die reichsdeutsche Staatsbürgerschaft angenommen und war von einem Bibliothekarsposten an der Universitätsbibliothek Wien zunächst als Direktor an die Duisburger Stadtbücherei gegangen. Im Vorfeld und als Voraussetzung für seinen Amtsantritt forderte er, was geschickt war, mehr Personal und einen größeren Etat. Dies wurde ihm auch zugebilligt – die allgemeinen Buchvertriebsbedingungen jedoch, die bereits geschildert wurden, erschwerten seine Initiativen gravierend.

In den letzten Kriegsjahren spielten neben dem Bucherwerb ganz neue Fragen eine Rolle: Die wertvollsten Bestände mußten sichergestellt werden. Dies bedeutete Verpackung und die Auslagerung von wichtigen Handschriften und Inkunabeln, von all den Werken, die einzigartig in Deutschland waren, in Schlösser rund um Weimar. Die ebenfalls bedeutenden Drucke der Reformationszeit, die Katechismussammlung, die speziell Thüringen und Weimar betreffende Literatur und vieles mehr, auch die Sammlungen der klassischen Literatur sowie Kunstgegenstände, Büsten und Bilder waren schon vorher in sichere Keller gebracht worden – wie beim Goethe- und im Schillerhaus und bei der Fürstengruft.

Weimar war im Krieg stark von Luftangriffen betroffen worden, ein Drittel der Bauten wurde zerstört, darunter fast alle Gebäude auf dem Marktplatz. Der ganz in der Nähe befindlichen Landesbibliothek blieb dieses Schicksal erspart, anders als der Weimarer Stadtbibliothek und der Universitätsbibliothek in Jena. Die Landesbibliothek konnte daher schon unter amerikanischer Besatzung am 23. April 1945 wiedereröffnet werden. Wenige Monate später, am 1. Juli übernahm die Sowjetunion die Besatzungsmacht in Thüringen und setzte die Thüringer Landesregierung mit ihrer Volksbildungsabteilung zur Verwaltung der Bibliothek ein. Zunächst war es wichtig, die Bibliotheksarbeit überhaupt wieder zu ermöglichen: Die ausgelagerten Bestände mußten zurückgeholt und wieder aufgestellt werden. Darüber hinaus ging es jetzt aber auch um die »Säuberung« der Bestände von allem nazistischen, kriegsverherrlichenden, militaristischen und imperialistischen Gedankengut, ein Parallelvorgang zu dem von 1933, nur unter vollkommen anderen politischen Vorzeichen. Insgesamt 10 000 Bücher aus Bibliotheksbeständen und 3500 aus in dieser Zeit zugewiesenen Sammlungen anderer Provenienz waren von dieser Aktion betroffen. Bis zum 1. Oktober hatten alle derartigen Schriften (auch solche aus dem Besitz von Privatpersonen und wissenschaftlichen Einrichtungen) an die jeweilige Bezirkskommandatur der sowjetischen Besatzungsmacht abgegeben zu werden. Wie schon 1933 waren im Zuge dieser »Säuberung« Listen mit unliebsamen Titeln erstellt worden. Diesmal reagierte die Bibliothek differenziert, sie unterschied nach eindeutig nationalsozialistischen Schriften und solchen, die einer eingehenden Prüfung unterzogen werden sollten, weil sie die nationalsozialistischen Inhalte offenbar nur gezwungenermaßen repetierten. Am 29. 10. 1945 war auch dieser Prozeß in der Bibliothek abgeschlossen, und eine Liste mit den ausgesonderten Beständen konnte der Militärverwaltung übergeben werden.[71]

Eine zweite, diesmal zentrale Säuberungsaktion ging von einer in der Deutschen Bücherei Leipzig stationierten Kommission aus, und zwar im Frühling 1946. Aufgrund der in Leipzig erarbeiteten »Liste der auszusondernden Literatur« wurde ein großes Konvolut von Schriften aus der Zeit zwischen 1933 und 1945 sowie von Schriften zum Ersten Weltkrieg und zur Kolonialliteratur separiert. Wegen der schwierigen Raumsituation deponierte man sie zunächst in den Kellerräumen der Bibliothek, damit die Bücher und Zeitschriften für Forschungs- und Studienzwecke vor allem für das Bibliothekspersonal nach strenger Prüfung, auch der politischen Zuverlässigkeit des Nutzers, immer noch zugänglich wären. Der Direktor der Landesbibliothek war nach 1945 im übrigen Maximilian von Philipsborn (1891-1973).[72] Als dieser gebildete Mann, der Jura, Nationalökonomie und Kunstgeschichte studiert hatte, am 6.12. 1948 mit sofortiger Wirkung aus dem Amt entlassen wurde, wurde behauptet, er habe die große Bibliothek nicht in dem gewünschten Umfange verwalten können, doch sicherlich war die allgemeine politische

Situation maßgeblich, in der sich ein vollkommen politisch unbelasteter Mann wie von Philipsborn, der gleichwohl kein Kommunist war, einfach keine Freunde hatte machen können. Es wird deutlich, daß das Amt eines Weimarer Bibliotheksdirektors ab 1945 mehr noch als vielleicht sogar in nationalsozialistischen Zeiten ein politisches war.

Die Aussonderungen von Literatur erfolgten flächendeckend in der gesamten sowjetischen Besatzungszone und späteren DDR, andernorts mußten alle ausgesonderten Werke vernichtet werden.

Die bibliotheksinternen Zustände waren nach 1945 alles andere als günstig: Es fehlten selbst Heizmittel, von Personal oder Transportmitteln ganz zu schweigen. Und was während des Krieges entliehene Bücher anging, so war die Situation prekär: Viele Entleiher waren vermißt, verstorben, verschwunden oder in Gefangenschaft, es gab Entleihungen durch Institute, die vielleicht gar nicht mehr existierten. Weiterhin waren all jene Buchverluste zu beklagen, die durch Plünderungen, Bombenschäden und ähnliches entstanden waren.

Es fand aber selbst 1945 noch eine bedeutende Bestandsvermehrung statt: Die Sammlung Georg Haar (1887-1945) wurde dem Haus übergeben. Sie enthielt fast alle Drucke der Cranach-Presse Harry Graf Kesslers, die dieser zwischen 1903 und 1931 in Weimar geleitet hatte, und weitere Künstlerdrucke des 20. Jahrhunderts. 1947 folgte die Arbeitsbibliothek von Werner Deetjen, die ca. 2500 Bände umfaßte.

Nachfolger von Philipsborns im Amt des Bibliotheksdirektors wurde bis 1953 Bruno Kaensche (1876-1962), der aus dem Ministerium für Volksbildung in Thüringen kam. Er legte die Benutzungsbedingungen für die ausgesonderte Literatur fest, die nur für den internen wissenschaftlichen Gebrauch zur Verfügung stand. Diese mehreren hundert Bände erhielten auf der ersten Seite das Kennzeichen I.G. (Interner Gebrauch), von außen erkannte man sie an einem roten Punkt. Bis 1953 wurden die von zentraler offizieller Seite erarbeiteten Aussonderungskriterien immer mehr auch auf ursprünglich als »wertvolle demokratische Bestände« geltende Bücher ausgedehnt, so galt 1953 auch vieles, was die Weimarer Republik an Literatur hervorgebracht hatte, etwa sozialdemokratische Literatur oder Darstellungen der Arbeiterbewegung, als gefährlich. Dies entsprach einem in den Entscheidungsgremien der DDR üblichen übergroßen Gehorsam gegenüber dem stalinistischen Regime der Sowjetunion. Ein weiteres Problem waren Neuerwerbungen aus dem westlichen Ausland. Die Bibliothek war an solchen prinzipiell und zu wissenschaftlichen Zwecken natürlich interessiert, doch war der Weg kompliziert: Entscheidungsträger war die Ostberliner Deutsche Akademie der Künste, die die jeweiligen Listen der Bibliothekare prüfte und oft wegen Devisenmangels die Abwicklung verzögern oder die Erwerbungswünsche abweisen mußte. Und manchmal wurden Bücher und Zeitschriften, die irgendwann doch den Weg nach Weimar gefunden hatten, noch per Nachzensur ausgesondert. Hier genügte dem Kontrolleur oftmals die Durchsicht des Inhaltsverzeichnisses, des Vor- oder Nachworts einer Publikation oder eine bestimmte Wendung, um einem Werk den roten Punkt aufzukleben.

Ab 1952, nach der Zentralisierung der DDR, existierten nur noch zwei weitere Landesbibliotheken neben der Weimarer, die in Schwerin und die in Dresden. In Thüringen waren die Bibliotheken Altenburg, Rudolstadt und Sondershausen aufgelöst worden. An der Gothaer Bibliothek, von deren Bestand große Teile in die Sowjetunion abtransportiert worden waren, wurde eine Zentralstelle für wissenschaftliche Altbestände eingerichtet.

1950 konnte die Weimarer Landesbibliothek 450 000 Bände ausweisen, sie hatte damit ihren Vorkriegsstand wieder erreicht. Sie erhielt jetzt mehr Personal und Mittel, um die Bestände weiter auszubauen. Der allgemeine Bildungsauftrag war deutlich formuliert worden, und gerade Studenten und Lehrkräfte suchten die Bibliothek gerne auf. Die steigenden Leserzahlen bedeuteten aber auch, daß Bestände im naturwissenschaftlich-technischen Bereich sowie in Architektur und Musikwissenschaften aufgebaut werden mußten, da dies die Fächer waren, die man in Weimar studieren konnte. Die Bibliothek konnte sich nun aufgrund ihres neuen Bildungsauftrags nicht mehr auf ihren eigentlichen Erwerbungsschwerpunkt, die Aufstockung der Literatur zur klassischen Epoche der deutschen Literatur, konzentrieren.

Diese Aufgabe kam statt dessen der ab 1954 in Weimar im Schloß installierten Zentralbibliothek der deutschen Klassik zu, die eine Einrichtung innerhalb der 1955 gegründeten Nationalen Forschungs- und Gedenkstätten der klassischen deutschen Literatur in Weimar wurde. Erster Direktor der NFG, deren Nachfolgeinstitution seit 1991 die Stiftung Weimarer Klassik (und Kunstsammlungen) ist, die seit 2005 den Namen Klassik Stiftung Weimar trägt, wurde Helmut Holtzhauer (1912-1973). Worum ging es in den NFG, die im Volksmund bald den Spitznamen »VEB Goethe« erhielt? Ihr Auftrag war die Zusammenfassung aller der Weimarer Klassik verpflichteten »Erbestätten«, des

Goethe- und Schiller-Archivs, des Goethehauses und Goethe-Nationalmuseums, des Schillerhauses (später auch des neugebauten Schillermuseums), des Wittumspalais, zahlreicher im Ilmpark gelegener Bauten wie etwa des Goethegartenhauses, des Liszthauses, der Parkanlagen und Schlösser in Weimar und Umgebung, aber auch in weiter entfernten Regionen. Wichtigstes Kriterium der Zugehörigkeit war der Bezug zur klassischen Epoche. Die Aufgaben der NFG waren vielfältig, der Denkmalschutz und die Erhaltung der historischen Bauten und Parks, die Zugänglichmachung der Gebäude als museale Einrichtungen, aber auch die Vortragstätigkeit, Arbeit an wissenschaftlichen Publikationen, Ausstellungsarbeit etc.

Obwohl nun die Landesbibliothek aufgrund ihrer historischen Zugehörigkeit durchaus in das klassische Erbe-Konzept der NFG gehört hätte und mit dem Rokokosaal ebenfalls eine museale Stätte aufwies, blieb sie zunächst selbständig, da man am Volksbildungsauftrag festhalten wollte. Sie war weiterhin dem in- und ausländischen Fernleihverkehr angeschlossen, doch war es die Universitätsbibliothek in Jena, die die führende Rolle in der Thüringer Bibliothekslandschaft einnahm. Bibliotheksdirektor der Landesbibliothek von 1953 bis 1956 war Kurt Kampe (1908-?). In dieser Zeit, in der in der DDR das Tauschwesen von Gütern und Dienstleistungen oft erfolgversprechender war als Käufe am regulären, vielfach unterversorgten Markt, war Büchertausch wie schon in früheren Epochen oft die einzige Möglichkeit, um an begehrte Literatur zu kommen. Doch standen die Wünsche und die wirklichen Erwerbungen in diesen Jahren leider in keinem Verhältnis, und die Direktion der Landesbibliothek bat daher westdeutsche Verlage um Buchgeschenke aus ihrer Produktion, worauf diese in der Regel positiv reagierten.

Ab 1956 gab es im übrigen zwar kein Besucherbuch mehr wie in der Zeit von 1782 bis 1920, doch es existierte ein Gästebuch, in welches sich ausgewählte Ehrengäste eintragen durften. Hier findet man für die 1950er und 60er Jahre oftmals ganze Listen ausländischer Delegationen, meist waren es Mitarbeiter von Bibliotheken aus den osteuropäischen Bruderstaaten der DDR. Doch zuweilen gibt es auch einzelne Namen, die aufhorchen lassen, so trägt sich mit Sophie Lilienfein am 14.12 1959 die Witwe des Erzählers und Dramatikers Heinrich Lilienfein (1879-1952) ein. Die Gedenkveranstaltung anläßlich des 80. Geburtstags ihres Mannes hatte in der Bibliothek stattgefunden, sie bedankt sich dafür. Und manche Eintragungen geben zu denken und lassen deutsche Kriegs- und Nachkriegsgeschichte aufleuchten. Am 14.8. 1962 schreibt der Verleger, Autor, Publizist, berühmte Emigrant und spätere Leipziger Professor Wieland Herzfelde (1896-1988) über den Ort, an dem er sich nun wieder gemeinsam mit seinem Bruder, dem nach USA emigrierten John (Helmut) Heartfield (1891-1968), dem Künstler und Erfinder der Fotomontage, aufhalten konnte: »Ein Bau, der die Gedankenschätze von Jahrhunderten birgt, dient dem Heute und Morgen, indem er der Stimme der Lebenden Gastrecht gibt.« Unter dem Datum des 1. Februar 1969 trug sich David Oistrach ein; und Loriot verewigte sich mit einer typischen Zeichnung am 10. März 1989 (nach einer längeren Pause, in der das Besucherbuch offenbar in Vergessenheit geraten war).

Das Jahr 1969 bedeutete eine weitere Zäsur für die Landesbibliothek. Geradezu als Korrektur der seit 1918 und verstärkt 1945 eingeschlagenen Richtung in der Bibliothekspolitik kann angesehen werden, daß die Landesbibliothek nun in die Nationalen

Forschungs- und Gedenkstätten der klassischen deutschen Literatur in Weimar überführt wurde. Alle übrigen Landesbibliotheken der DDR bis auf die Dresdner hatten 1969 ihre Selbständigkeit verloren.

Für die Landesbibliothek bedeutete dies die Vereinigung mit der Zentralbibliothek der deutschen Klassik, die der neu entstandenen Institution auch ihren Namen gab. Real bedeutete der Vorgang eine Bestandsvermehrung um 140 000 Bände. Als kostbarste Teilsammlung kam nun die bedeutende Privatbibliothek Goethes, die gleichwohl ihren Standort im Goethewohnhaus (bis heute) nicht aufgab, hinzu, sowie das, was von Schillers privater Büchersammlung noch übriggeblieben war und ebenfalls im Goethewohnhaus aufgestellt wurde (heute im Tiefmagazin). 1954 war das bedeutende »Bettina von Arnim-Archiv«, ursprünglich im Familiensitz Wiepersdorf beheimatet und nach 1945 in die Obhut der Deutschen Akademie der Künste in Ostberlin übergeben, nach Weimar überführt worden.[73] 1955 hatte die Zentralbibliothek zudem die 200 erhaltenen Bände aus Liszts Privatbibliothek erhalten. Es folgte die kostbare Privatbibliothek Friedrich Nietzsches, der im Jahr 1900 in Weimar verstorben war, ein Konvolut von 775 Titeln, ein bei Nietzsche-Forschern äußerst begehrter Schatz, da Nietzsche ein begeisterter Verfasser von Randglossen war. Diese Sammlung wurde ergänzt durch die Bücher seiner Schwester Elisabeth Förster-Nietzsche.

Nach Gerhard Stummes Tod (1871-1955) konnte seine mehr als 10 000 Bände zählende bedeutende Faust-Sammlung in die Zentralbibliothek übernommen werden, die die vorhandene ebenfalls auf den Fauststoff zentrierte Sammlung Alexander Tilles (1866-1912) von 700 Bänden in idealer Weise auf (heute) 13 000 Bände ergänzte. Zudem erweiterte eine 3000 Bände starke

Sammlung von Almanachen, Kalendern und Taschenbüchern der Goethezeit den Bestand der Zentralbibliothek. Und auch die 1885 in Weimar gegründete Goethe-Gesellschaft übergab ihre bedeutenden Bücherschätze der Zentralbibliothek der deutschen Klassik.

Man definierte jetzt erneut das schon von Paul von Bojanowski propagierte Erwerbungsziel: Die Literatur der klassischen Periode zwischen 1750 und 1850. Die Studenten und Schüler wichen jedoch keineswegs den Wissenschaftlern, die jetzt wieder in die Bibliothek drängten, zumeist festangestellte Mitarbeiter der NFG. Pro Jahr verzeichnete man jetzt ca. 40 000 Ausleihen. Gleichzeitig wurden zahlreiche Personal-Bibliographien, etwa zu Lessing, Herder, Wieland, Schiller und Heine, sowie die Faust-Bibliographie erarbeitet, im Eigenverlag zudem die *Internationale Bibliographie zur deutschen Klassik* herausgegeben. Faksimiles und Editionen, Literaturveranstaltungen und Führungen ergänzten die Öffentlichkeitsarbeit der Bibliothek.

Am 1. Januar 1970 wurde eine Benutzungsordnung erlassen, die nun keine hausgemachte mehr war, sondern sich an die allgemeine Benutzungsordnung für alle Bibliotheken der DDR anlehnte. Darin hieß es unter anderem:

»Literatur, deren Inhalt gegen das Gesetz zum Schutz des Friedens und gegen Artikel 6 der Verfassung der DDR verstößt oder den Auffassungen der sozialistischen Moral widerspricht, wird nur zur Verfügung gestellt, wenn die Notwendigkeit der Benutzung für einen wissenschaftlichen Zweck nachgewiesen und bestätigt wird ... Zur Wahrung der kulturell-erzieherischen Funktion der Zentralbibliothek der deutschen Klassik können die Mitarbeiter der Ausleihstelle von jugendlichen Lesern verlangen, daß sie ihre Ausleihwünsche begründen.«[74]

Beispiele für solche nur nach spezieller Legitimation ausgeliehene Literatur waren Essays von Heinrich Böll, die im Westen verlegten Werke von DDR-Autoren wie Günter Kunert und Stefan Heym, aber auch einiges von Friedrich Nietzsche. Als Legitimation galt etwa ein Schreiben eines Universitätsdozenten, doch war, wie schon beschrieben, daneben die interne freie Nutzung durch Angehörige der NFG möglich (zu internen Nutzern zählten außerdem die Mitarbeiter Weimarer Verlage oder anderer verwandter Institute), und diese wurde wohl auch eifrig in Anspruch genommen.

Doch auch Verluste mußten verzeichnet werden, denn in den 1970er Jahren wurden Bestände, die nicht mit dem alten (und neuen) Erwerbungsprofil harmonierten, ausgesondert: mindestens 20 000 Bände aus den alten Naturwissenschaften, aus Technik, Landwirtschaft, Medizin, Theologie, Religion und Sport, und erstaunlicherweise nicht nur Bücher neueren Datums, sondern zum Teil auch solche, die vor 1850 erschienen waren, gingen an andere Institutionen. Teilweise wurde diese bedauernswerte Aktion jedoch von mutigen Mitarbeitern unterlaufen.[75] 1956 folgte auf den Bibliotheksdirektor Bruno Kaensche (1876-1962) Gerhard Pachnicke (1914-2006), 1960 verwaltete Walter Iwan (1901-1982) dieselbe ein Jahr lang, bis Werner Schmidt (1910-1982) das Steuer bis 1968 übernahm. Auf ihn folgte 1969 und bis 1990 Hans Henning (geb. 1927), worauf Konrad Kratzsch die Bibliothek ein Jahr lang kommissarisch leitete.

DIE HERZOGIN ANNA AMALIA BIBLIOTHEK: FORSCHUNGSBIBLIOTHEK FÜR LITERATUR UND KULTURGESCHICHTE DER KLASSISCHEN UND NACHKLASSISCHEN ZEIT. DER BRAND DES GRÜNEN SCHLÖSSCHENS AM 2. SEPTEMBER 2004

* * *

Die Wende bedeutete für die Zentralbibliothek der deutschen Klassik wie für alle Institutionen der DDR erneut den Eintritt in eine neue Phase. Michael Knoche (geb. 1951) wurde der neue Bibliotheksdirektor und gab seiner Schatzkammer 1991 den Namen ihrer größten Förderin. Damit wurde die Bibliothek das, was sie seit ihrem Umzug in das Grüne Schlößchen und bis zu Anna Amalias Tod 1807 zumindest im übertragenen Sinne schon einmal gewesen war: Die Herzogin Anna Amalia Bibliothek.

Unter dem Dach der Stiftung Weimarer Klassik entwickelte sie sich zu einer Forschungsbibliothek für Literatur- und Kulturgeschichte mit besonderem Schwerpunkt auf der deutschen Literatur von der Aufklärung bis zur Spätromantik. Ihre Hauptbenutzer sind Wissenschaftler aus aller Welt, teilweise auch Stipendiaten der Stiftung. Innerhalb der nichtuniversitären Forschungsbibliotheken Deutschlands deckt die Weimarer Bibliothek die mittlere Periode der deutschen Literatur ab, während die Herzog August Bibliothek Wolfenbüttel die Zeit vor 1750 im Visier hat und das Deutsche Literaturarchiv in Marbach die Zeit ab 1850 bis heute.

In den Jahren nach der Wende wurde das so lange schon be-

DIE BIBLIOTHEK BRENNT

stehende Platzproblem schließlich so groß, daß die Benutzung entscheidend litt: 80 Prozent aller Bestände waren in zum Teil unzureichende Magazine ausgelagert. Dies bedeutete verzögerte Benutzungsmöglichkeiten für die Leser und ständige Transporte von Büchern durch die Stadt (100 000 Bände pro Jahr). Mehrere Varianten wurden als Lösungen für den Erweiterungsbau diskutiert. Die Aufgabe war, für 1 Million »Medieneinheiten« ausreichenden Raum zu schaffen, den Lesebereich stark zu erweitern, Werkstätten und Verwaltungsräume zur Verfügung zu stellen, und schließlich sollte das zu planende Erweiterungsgebäude die Räumung des Grünen Schlößchens ermöglichen, dessen Sanierung schon lange überfällig war.

1998 erst konnten die seit 1992 angemahnten Erweiterungsgebäude der Bibliothek schließlich durch eine Zuweisung öffentlicher Gelder in die mittelbare Bauplanung überführt werden.

Wie schon zu Zeiten Herzogin Anna Amalias war die überzeugendste Lösung für den Erweiterungsbau die Umnutzung und damit der Umbau nicht nur eines, wie damals, sondern mehrerer bereits bestehender historischer Gebäude – und ihre unterirdische Verbindung in Form eines Tiefmagazins mit dem Grünen Schlößchen.

Zwischen Residenzschloß und Grünem Schloß steht ein 1576 als Witwensitz für Dorothea Susanne, die Frau Herzog Johann Wilhelms errichtetes Renaissancegebäude, das sogenannte Rote Schloß. Es wurde weiter vorne bereits erwähnt. Hinzukommen sollten das angrenzende Gelbe Schloß, 1704 für Herzogin Charlotta Dorothea Sophie, die zweite Frau des Mitregenten Herzog Johann Ernst III. erbaut, sowie die Neue Wache aus dem 19. Jahrhundert, die nach Plänen von Coudray 1838 fertiggestellt worden war. All diese unterschiedlichen Gebäude aus unterschiedlichen Zeiten, die vor der Baumaßnahme bis 1995 in städtischer Nutzung waren, weisen nicht nur eine ganz unterschiedliche Bauweise, sondern auch unterschiedliche Farbgebung auf.

Der Siegerentwurf der europaweiten Ausschreibung für das Bauvorhaben stammte aus dem Architektenbüro Barz-Malfatti, Rittmannsperger und Schmitz. Die Architekten konnten sich mit ihrem gleichzeitig funktionalen wie edlen und sensibel die unterschiedlichen Baukörper verbindenden Konzept eines dunklen, von 16 quadratischen Oberlichtern erhellten sogenannten »Bücherkubus«, der in den Innenhof des historischen Gebäudeensembles eingestellt ist, durchsetzen. Gleichzeitig überzeugte ihr Konzept des unterirdischen Büchermagazin, das auf der Ilmseite in Richtung des Grünen Schlößchens wie ein U-Boot aus dem abschüssigen Parkgelände auftaucht und eine Glasfront aufweist, hinter der sich ein weiterer Lesebereich im

DER ROKOKOSAAL NACH DEM BRAND

sogenannten »Parkmagazin« befindet. Insgesamt hat die »Neue Anna Amalia« 130 Leseplätze und verfügt über das Fünffache der Benutzungsfläche, die früher im historischen Bibliotheksgebäude vorhanden war.

Auch die Bauausführung wurde dem Siegerteam übertragen. Daß sich die Zeiten seit der unzufriedenen Kommentierung der Coudrayschen Architektur durch den Bibliothekar Kräuter sehr geändert hatten, beweist die hartnäckige Intervention der betroffenen Bibliothekare, die sich vehement gegen einen im ersten Entwurf im Tiefgeschoß vorgesehenen Lesesaal aussprachen und die Architekten überredeten, den Lesesaal in das erste Stockwerk zu verlegen. Heute empfangen den Besucher im Erdgeschoß der Informationstresen, der gleichzeitig Ausleihe und Anmeldung bedient. Hier unten gibt es eine reichbestückte Fotothek, die 100 000 Motive zur Kulturgeschichte Weimars bereithält, verschiedene Arbeitsplätze, um Mikrofiches zu lesen oder auszudrucken, und die modernsten Geräte für Sehbehinderte oder auch blinde Nutzer, des weiteren einen kleinen Hörsaal mit 48 Plätzen. Das Herzstück von eindrucksvoller Noblesse ist der in den Kubus eingebaute Saal, der sich mit drei Galerien, jeweils von Regalwänden ausgefüllt, in die Höhe zieht und von der Oberlichtdecke abgeschlossen wird: Hier lesen die Nutzer Tageszeitungen, konsultieren wichtige Nachschlagewerke und Bibliographien, hier finden auch immer wieder Lesungen, Vorträge und Tagungen statt. Auch die alten, ab 1969 angelegten Zettelkataloge (die Umwandlung aller Zettelnachweise in einen im Internet aufrufbaren Katalog ist seit langem in vollem Gange und wird wahrscheinlich 2009 abgeschlossen sein) sowie natürlich Computerarbeitsplätze sind im Erdgeschoß untergebracht, des weiteren ein örtlich abgegrenztes Café. Die Hauptlesebereiche

DIE NEUE FARBFASSUNG DER
HERZOGIN ANNA AMALIA BIBLIOTHEK

sind im ersten und zweiten Stockwerk zu finden. Eine Besonderheit der »Neuen Anna Amalia« ist die Freihandaufstellung von ca. 100 000 Bänden; die meisten davon stehen für eine einwöchige Kurzausleihe sofort zur Verfügung. Die Ordnung in den Regalen ist nach Fachgebieten eingerichtet, und innerhalb dieser wieder nach Unterkategorien. Im ersten Stock befindet sich der Lesesaal mit 32 Plätzen, in dem die historische Literatur unter

DAS GEBÄUDEENSEMBLE DES STUDIENZENTRUMS

Aufsicht bearbeitet werden kann, daneben existieren für Leser, die nur moderne Forschungsliteratur lesen wollen, weitere individuelle Arbeitsplätze, sechs kleine Arbeitskabinen oder Carrels, die man mieten kann, sowie eine großzügige Auslage von 800 laufend gehaltenen wissenschaftlichen Zeitschriften. Im 2. Stockwerk gibt es einen lichten Konferenzsaal sowie einen kleineren Seminarraum, der auch für die seit 2006 stattfindenden Schülerseminare in der Bibliothek zur Verfügung steht. Auch im Untergeschoß setzt sich die Kubus-im-Kubus-Struktur fort: Hier ist der interne Würfel der Romanbibliothek vorbehalten, insbesondere auch die gesamte Verlagsproduktion der Verlage Suhrkamp, Insel, des Jüdischen Verlags und des Deutschen

DER INNENHOF DES STUDIENZENTRUMS

Klassiker Verlags, die Ulla Unseld-Berkéwicz, die Verlegerin, im Andenken an Siegfried Unseld der Bibliothek geschenkt hat.

Im Parkmagazin findet man neben geschichtlicher Literatur die älteren Zeitschriftenbände. Eine Tür am südlichen Ende des Parkmagazins wird nach der Wiedereröffnung des Grünen Schlößchens seine Verbindung mit dem neuen Studienzentrum sein. Das Tiefmagazin dient auch der Aufbewahrung der großen Schätze der Bibliothek. Die konservatorischen Bedingungen sind hier, wo es bis zu neun Meter unter die Erde geht, besonders günstig. Eine Buchförderanlage kann die bestellten Bücher 25 Minuten nach ihrer Bestellung zum Lesesaal oder an die Ausleihtheke transportieren.

DER BÜCHERKUBUS IM STUDIENZENTRUM

Plangemäß fanden am 22. Mai 2002 die Grundsteinlegung für das neue Gebäudeensemble statt, am 7. Oktober 2003 das Richtfest und am 4. Februar 2005 seine Eröffnung.

Doch dazwischen ereignete sich unvorhergesehenerweise das, was die Weimarer Bibliothek plötzlich in ganz Deutschland, ja in der gesamten gebildeten Welt ins Gespräch brachte:

Gegen 20.30 Uhr am 2. September 2004 schlugen die Brandmelder im Rokokosaal der Herzogin Anna Amalia Bibliothek an. Dort herrschte seit Wochen emsiges Arbeiten. Wenige Wochen später sollten die Bücher aus dem Gebäude in das inzwischen fertiggestellte Tiefmagazin gebracht werden. Materialprüfungen und andere Vorarbeiten wurden durchgeführt, um die anstehende Sanierung des alten Baus nach der vollständigen Räumung von Büchern und Kunstgegenständen zügig ins Werk zu setzen. An diesem Tag waren beispielsweise hölzerne Wandverkleidungen geöffnet worden, um zu kontrollieren, in welchem Zustand sich das dahinter liegende Mauerwerk befand. Einen Brand in der Bibliothek hatte ihr Direktor all die 13 Jahre seiner Amtsführung zuvor befürchtet und aus diesem Grunde hartnäckig den Erweiterungsbau und die damit verbundene Möglichkeit einer grundsätzlichen Sanierung des Stammhauses betrieben – in dem angesichts der bevorstehenden Sanierung lediglich eine automatische Brandwarnanlage existierte. Wenige Minuten nach der Brandmeldung drangen auch schon die ersten Flammen aus dem Dach auf der Parkseite. Dank des unerschrockenen Einsatzes von zahlreichen Mitarbeitern und bald auch Weimarer Bürgern wurden unter der Führung der Weimarer Feuerwehr, der bald Löschzüge aus der Region zur Hilfe eilten, in Windeseile Kunstgegenstände und Bücher aus dem Haus getragen, in das vor kurzem fertiggestellte Tiefmagazin. Die Solidarität der Weimarer Bevölkerung war großartig, zahllose Freiwillige arbeiteten bis zur Erschöpfung. Gegen 21 Uhr ereignete sich die »Durchzündung«: Eine explosionsartige Welle von Flammen schoß aus dem Dachstuhl in den Nachthimmel, viele der leichten Buchseiten entschwebten dem Gebäude, um am nächsten Tag irgendwo in der Stadt gefunden zu werden …

Die beiden obersten Stockwerke waren verloren: angesichts der Tatsache, daß alle inneren Einbauten aus Holz bestanden und fast ausschließlich Werke aus Papier und Leder beherbergten, kein Wunder. Der Coudray-Anbau auf der Nordseite hielt jedoch stand, ebenso der südliche Gentz-Bau und der Bibliotheksturm, doch mußte nun, mittlerweile war es 21.45 Uhr, befürchtet werden, daß das Feuer auf die untere Ebene des Rokokosaals übergreifen und die Decken zum Einsturz bringen würde. Daher sollte das Gebäude jetzt dringend von Zivilpersonen geräumt werden. Dies wurde jedoch von den Beteiligten als sicherer Tod von hunderttausend kostbaren Büchern und Kunstwerken gesehen. Für den mit seinen Schätzen eng verbundenen Bibliotheksdirektor kamen nun die schrecklichsten Minuten seines Lebens:

»Wir standen vor unserem brennenden Haus und konnten nichts mehr unternehmen. ... Irgendwann sagte ein Mitarbeiter, auch die Musikaliensammlung Anna Amalias mit den Notendrucken und handschriftlichen Partituren stünde mitten im Brandherd, ein kostbarer Schatz, den wir geplant hatten im Rahmen eines wissenschaftlichen Projekts besser zugänglich zu machen. Die Feuerwehrleute auf ihren Drehleitern spritzten Wasser aus vollen Rohren.«[76]

Die zuvor mit der Bauanalyse beauftragten Ingenieure konnten die Feuerwehr davon überzeugen, daß die Holzdecken aus dem 16. Jahrhundert so stabil wären, daß keine Einsturzgefahr bestünde, und also erlaubte man wenig später auch den »Zivilen« wieder, Bücher und Kunstwerke zu evakuieren. Eine Menschenkette vom Rokokosaal bis zum Tiefmagazin bildete sich, auf alle Helfer regnete das Löschwasser herab, und auch die geretteten Bücher wurden vollkommen durchnäßt. Am nächsten Abend wurden sie von der großen Schar der freiwilligen Helfer im unterirdischen Magazin umsichtig einzeln in Folien verpackt, um sie zunächst in die Tiefkühlung zu bringen. Auch das Gemälde *Der Genius des Ruhms* von Heinrich Meyer nach Carracci war verbrannt. Die 80 Gips- und Marmorbüsten der klassischen Zeit konnten recht einfach geborgen werden, schwieriger war es mit der marmornen Kolossalbüste Goethes von Jean David d'Angers. Erst einige Tage später verließ sie als letztes Stück per Kran die Bibliothek, durch das inzwischen offene Dach.

40 Tonnen durch Feuer, Hitze, Rauch, Ruß, Mörtel, Kalk, Schmutz, Hydrantenwasser, Ilmwasser, Löschschaum und Schimmel in unterschiedlichen Mischungen geschädigter Bücher rollten in den Tagen, die folgten, nach Leipzig in das Zentrum für Bucherhaltung. Es erwartete sie eine professionelle Versorgung auf »Fausts Intensivstation«, wie man die Einrichtung bald nannte. Die lediglich nassen Bücher waren schnell wieder in Weimar zurück, nachdem sie die Gefriertrocknung hinter sich gebracht hatten.

Schon am Tag nach dem Brand begann die große Welle der Hilfsbereitschaft: Soforthilfe in Millionenhöhe durch Staatsministerin Christina Weiss, die Beauftragte des Bundeskanzlers für Kultur und Medien. Gleichzeitig schritt die Räumung des Gebäudes vom Bauschutt immer weiter fort, wurden die nassen und brandgeschädigten Bücher weiter verpackt. An den jetzt folgenden Abenden traf sich eine verschworene Gemeinschaft von Bücherfreunden, Mitarbeitern der Bibliothek, aber auch Weimarer Bürgern jeden Alters, vom Schüler bis zum Rentner, im Tiefmagazin. Allen ging es um dasselbe: Retten, was zu retten ist, nun gerade! Diese Gefühle einten die Beteiligten. Die ersten Benefizaktionen, die nach und nach in ganz Deutschland stattfinden sollten, begannen; Nike Wagner, die zum erstenmal ihr Kunstfest in Weimar feierte, ließ Joshua Rifkin and The Bach Ensemble am Tag nach dem Brand mit einem Benefizkonzert für die Bibliothek auftreten.

Allmählich wurden die Schäden an den Kunstwerken bekannt:

Schillers Totenmaske war stark beschädigt (inzwischen ist sie bereits wieder restauriert). Und: Man diskutierte natürlich die Brandursache. Schon als 1774 das Stadtschloß brannte, im Jahr vor Goethes Ankunft in Weimar, hatte man von Brandstiftung gesprochen. Nie konnte der Fall aufgedeckt werden. Nun geisterte das Wort wieder durch die Köpfe, durch den Blätter- und Bilderwald. Aber alle Nachforschungen durch das Bundeskriminalamt konnten nur immer wieder die schon anfänglich geäußerte Vermutung erhärten: Eine defekte Kabelverbindung hinter den Wandverkleidungen hatte einen Schwelbrand ausgelöst. Durch die Luftzufuhr aufgrund der Materialbohrungen am Tag des Brandes war es dann zu der Katastrophe gekommen. Im spätsommerlichen Weimar, in der Umgebung des Grünen Schlößchens auf einem abgelegenen Polizeigelände, verrichteten Restauratoren und Bibliothekare jetzt Tätigkeiten, die normalerweise nicht zu ihren Aufgaben gehören: Sie durchsuchten den Brandschutt nach unversehrten oder nur teilweise verbrannten Büchern, Diese Arbeit war sisyphusähnlich und spiegelte anschaulich den Verlust wieder: Buchseiten in allen europäischen Sprachen, stark beschädigte und oft auch verloren zu nennende Schätze.

Ein weiteres Hoffnungssignal wurde am 7. September gesetzt: Bundespräsident Horst Köhler erklärte sich bereit, Schirmherr der deutschlandweiten Spendensammelaktion zugunsten der Bibliothek zu werden, und zahlreiche Institutionen, Stiftungen und Banken, aber auch weit mehr als 10 000 Einzelspender haben schon im Jahr 2004, aber auch danach und bis heute die Herzogin Anna Amalia Bibliothek durch Spenden unterstützt. Auch die Deutsche Forschungsgemeinschaft erklärte dem Bibliotheksdirektor ihre Hilfsbereitschaft, woraufhin er einen umfangreichen Antrag zur Buchrestaurierung, Ersatzbeschaffung und Wiederherstellung der Arbeitskraft erarbeitete, der zwei Wochen später bewilligt wurde, in- und ausländische Bibliotheken meldeten sich mit Hilfsangeboten. Es wurde deutlich, daß eine Verlust- und Schadensbank dringlich wäre, sie sollte in eine Datenbank münden, die jeder Internetnutzer ab dem 21. September vom heimischen Computer abrufen konnte. Inzwischen beziehen sich 20 % der privaten Buchspender auf die Recherche in dieser Datenbank. Und natürlich wurden alle Kaufentscheidungen seitens der Bibliothek von diesem wichtigen Arbeitsinstrument geleitet.

35 Ölgemälde, zumeist Porträts aus dem 16. bis 18. Jahrhundert, verbrannten auf der zweiten Galerie der Bibliothek. Alle Bücher auf dem Dachgeschoß und der zweiten Galerie verbrannten ebenfalls, darunter Anna Amalias Musikaliensammlung aus dem 18. und 19. Jahrhundert, ebenfalls Noten ihrer Schwiegerenkelin Maria Pawlowna, auch die meisten Bücher der Sammlung Schurzfleisch sind zu beklagen, die Sammlung Logau und zahlreiche Schriften der *Fruchtbringenden Gesellschaft*, schließlich eine fast komplette Reihe von Jean-Paul-Drucken. Insgesamt gingen in der Nacht vom 2. September 2004 – es war der größte Bibliotheksbrand in der deutschen Nachkriegsgeschichte – rund 50 000 Bände verloren, etwa ein Fünftel des historischen Bestands bis zum Jahr 1850. In Zahlen ist ein Verlust von ca. 67 Millionen Euro entstanden, wobei man 20 Millionen für die Buchrestaurierung kalkuliert und mehr als das Doppelte dessen für die Wiederbeschaffung der noch erhältlichen Bücher auf dem Buch- und Antiquariatsmarkt. 62 000 Bücher waren durch den Brand oder das Löschwasser oder beides lediglich beschädigt, ein großer Teil von ihnen ist nach der Gefriertrock-

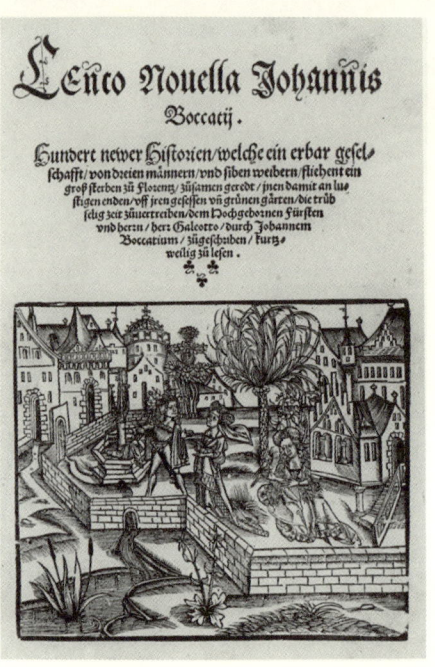

EIN BRANDVERLUST: BOCCACCIOS NOVELLENSAMMLUNG
»DECAMERONE« IN DEUTSCHER ÜBERSETZUNG, 1540

nung wieder in die Bibliothek gelangt; die erste Fuhre kam schon Anfang Oktober von Leipzig nach Weimar zurück. Kleinen Patienten gleich waren manche Bände noch mit Mullbinden versehen, um sie in Form zu halten, und sie verströmten unverkennbar Brandgeruch. Jetzt wurde entschieden, ob sie wieder in die Benutzung gegeben werden konnten (dies war ein Jahr nach dem Brand bei 10 000 Büchern der Fall) oder nach einer Ruhepause oder »Rekonditionierung« eine Restaurierung des Einbandes oder ähnliches über sich ergehen lassen würden. Die sogenannte Schadenserhebung beschäftigt die Bibliothekare seitdem immer noch, denn für jedes einzelne der vielen Tausende von Büchern muß geprüft werden, ob eine Restaurierung wirklich sinnvoll ist bzw. ob es in genau diesem Fall günstiger wäre, das betreffende Buch auf dem antiquarischen Markt, so vorhanden, als Ersatzexemplar zu erwerben. Eine Diagnose pro Buch sollte etwa sechs Minuten dauern. Außerdem mußten zunächst auch die Rahmenbedingungen der Restaurierungen definiert werden. Man geht heute davon aus, daß eine Restaurierung im wesentlichen die Funktionsfähigkeit der Bücher wiederherstellen sollte, daß Schadensspuren sowohl verschmerzbar sind wie auch die historische »Wahrheit« des einzelnen Buchlebens widerspiegeln, daß es daher nicht um »kosmetische« Operationen wie die Retuschierung von Rißkanten und Unsichtbarmachung des Abriebs gehen kann. Außerdem wurde sehr schnell festgelegt, daß zunächst die wassergeschädigten Bücher bearbeitet werden sollten, erst in einem zweiten Schritt die brandgeschädigten.

Bis zum Jahr 2015 sollen somit 47 800 Bücher restauriert, nicht mehr restaurierungsfähige Bücher gegebenenfalls digitalisiert werden. Die Dauer für die Erwerbung geeigneter Bücher, sei es über Geschenke, Tausch mit anderen Bibliotheken oder Kauf auf dem antiquarischen Buchmarkt ist auf 30 Jahre angesetzt. Gleichzeitig wird auch die seit 2001 begonnene Digitalisierung stark vorangetrieben: Der Faustsammlung folgte die Sammlung historischer Landkarten und Atlanten aus dem 15. und 16. Jahrhundert sowie literarische Werke des 18. und 19. Jahrhunderts, die seit kurzem auch im Internet abrufbar sind. Trotzdem vertraut der Bibliotheksdirektor nach wie vor auch auf den Mikrofilm, »vorsichtshalber«, wie er sagt, so daß heute in Weimar ein und dasselbe Werk zum Teil in verschiedenen medialen Formen vorhanden ist.

Im Zuge der Diskussion über die Wiederherstellung des historischen Gebäudes der Bibliothek wurde beschlossen, ihm nach seiner Sanierung eine neue Hauptaufgabe zuzuordnen: Das Grüne Schlößchen wird ein Zentrum für das alte Buch werden. Das bedeutet die Auseinandersetzung mit den ältesten (und wertvollsten) Buchbeständen der Bibliothek, sei es in Form von Ausstellungen wie in Form der bibliothekarischen Nutzung. Der Rokokosaal ist nach wie vor als musealer Ort zu denken, aber auch die Werkstatt für Buchrestaurierung und -konservierung und die Abteilung der Sondersammlungen sollen hier untergebracht werden. Für das dritte Geschoß ist eine völlig andere Nutzung vorgesehen: War es zuvor Magazin, wird es in Zukunft einen Sonderlesesaal für Karten, Globen und Handschriften beherbergen. All diese Entscheidungen wurden nach dem Brand rasch getroffen, da das Gebäude am 24. Oktober 2007, dem Geburtstag Herzogin Anna Amalias in ihrem 200. Todesjahr, wiedereröffnet werden soll.

Am 4. Februar 2005, also nur fünf Monate nach dem Brand, bei der Eröffnungsfeierlichkeit für den Erweiterungsbau der Bibliothek, das Studienzentrum, im Deutschen Nationaltheater in Weimar spiegelten fast alle Reden die traumatisch nachwirkende Erfahrung der Brandnacht, die einmal mehr zeigte, welch fragiler Schatz eine große Büchersammlung ist. Durs Grünbein gab seiner Trauer in folgenden Worten Ausdruck:

»Der 2. September 2004: Welche Schilderung könnte drastisch genug sein, um auch nur annähernd auszumalen, was damals geschah? Erlauben Sie mir, dass ich ein wenig übertreibe. Es gibt von Christian Morgenstern ein Gedicht, es heißt »Die Flamme«, das die Rachephantasien einer elenden Kerzenflamme beschreibt, die in ihren letzten Zügen liegt, kurz vorm Erlöschen. Es ist nur eine Phantasie, wie gesagt, aber sie steigert sich bis zur Vision vom Weltenbrand. Um einen solchen Weltenbrand, wenn auch im Kleinen nur, hat es sich hier gehandelt. Sein bescheidenes Ausmaß besagt wenig über den eigentlichen Verlust an Welt, der an diesem Ort zu beklagen ist. Was da im Löschschaum verschwand, war nicht mehr und nicht weniger als ein Teilstück des großen illustren Orbis pictus, in dem die Menschheit sich ihrer Geschichte versichert durch Überlieferung. Etwas ging hier verloren, eine winzige Einzelheit, um die unser Weltbild nun ärmer ist.«[77]

Heute hat die Herzogin Anna Amalia Bibliothek zwar so viele Mitarbeiter wie noch nie in ihrer Geschichte, nämlich 96, doch die Hälfte davon ist zeitlich befristet angestellt. Von den 96 Mitarbeitern sind 48 regulär ausgebildete Bibliothekare, hinzu kommen 13 im Ehrenamt tätige Mitarbeiter. Für die Zeit nach der Brandbewältigung, und diese Zeit ist noch nicht abgeschlossen, ist die Zahl der Arbeitskräfte dennoch nicht ausreichend, vor allem angesichts der jetzt erweiterten Öffnungszeiten der Bibliothek, die eine Voraussetzung für eine moderne Forschungsbibliothek sind, die es sich zum Ziel gesetzt hat, vor allem in- und ausländischen Wissenschaftlern, die historische Quellen im Original studieren wollen und daher nach Weimar kommen, die bestmöglichen Arbeitsbedingungen zu verschaffen. Doch auch nichtakademische Nutzer mit besonderem Interesse an historischen Quellen können in Weimar lesen, forschen und arbeiten.

Es sind die genannten besonderen, ja einzigartigen Bestände der Weimarer Bibliothek, angefangen mit den Buchhandschriften aus dem Mittelalter über die Schriften aus der Reformationszeit, alle Sondersammlungen und Privatbibliotheken bis hin zu der von Friedrich Nietzsche und die umfangreiche Faust-Sammlung, die besonders interessieren und im Zentrum vieler Forschungsvorhaben der hier arbeitenden Wissenschaftler stehen. Diese besonderen Sammlungen sind beim Brand 2004 glücklicherweise nicht in Mitleidenschaft gezogen worden.

Immer wieder gibt es, meist zufallsbedingt, auch Funde in einer Schatzkammer des Geistes zu machen, wie es die Herzogin Anna Amalia Bibliothek ist. So fand der junge Leipziger Musikwissenschaftler Michael Maul am 17. Mai 2005 in einer Gelegenheitsschrift des Johann Anton Mylius hinten eingeklebte Noten und erkannte, daß es sich um ein unbekanntes Bach-Autograph handeln müsse. Die Strophen-Arie *Alles mit Gott und nichts ohn' ihn* war gefunden: Wäre sie nicht innerhalb der Gelegenheitsschriften einsortiert gewesen, wäre auch sie Raub der Flammen geworden.

Die Weimarer Herzogin Anna Amalia Bibliothek hat sich von der Fürstenbibliothek, die zunächst nur wenigen Menschen zugänglich war, im Laufe von etwas mehr als drei Jahrhunderten zu einer modernen Forschungsbibliothek gewandelt. Diese Wandlungen hatten natürlich auch ihren Grund in der allgemeinen historischen Wandlung in unserem Land: deutsche Geistesgeschichte war mit der Bibliothek von vornherein eng verbunden. Als wahrhaft bedeutend ist daher Herzogin Anna Amalias Leistung einzuschätzen, der Bibliothek ein eigenes Gebäude zu geben, das durch seine Gestaltung eine auratische Atmosphäre entfaltete. Auch die schreckliche Brandkatastrophe des 2. September 2004 hatte, wenn man das Gesamtbild der deutschen Bibliothekslandschaft betrachtet, immerhin ein Positivum: Die Schatzkammern des Geistes sind vielleicht erstmalig in ihrer Fragilität und Schutzbedürftigkeit ins Bewußtsein vieler Menschen getreten, die sich durch Spenden von Geld, von Büchern oder im Ehrenamt engagier(t)en.

Ab Oktober 2007, nach Abschluß der Sanierung, wird sich der Rokokosaal der Herzogin Anna Amalia Bibliothek genau wie zu Zeiten Anna Amalias in jenem leicht blaugetönten Weiß präsentieren, das an einen Frühlingshimmel erinnert.

Bei der Gestaltung der Außenfassade waren die letzten baugeschichtlichen Untersuchungen von 2006 zielführend, sie wird in den Farben, die Coudray wählte, als er den letzten Anbau auf der Nordseite 1849/50 ansetzte, ocker und venezianischgelb erstrahlen.

Egal jedoch, welche Farbe die Außenhaut trägt: Der mittlerweile stark expandierten Herzogin Anna Amalia Bibliothek seien auch über das 21. Jahrhundert hinaus blühendes Leben, viele Besucher, aber vor allem viele ihre Schätze würdigende Leser und Forscher gewünscht – und hoffentlich nie mehr ein Brand!

ANMERKUNGEN

1 Die ZEIT, 9. September 2004.
2 Georg Neumark, Der Neu-Sprossende Teutsche Palmbaum, in: Martin Bircher (Hg.), Die Fruchtbringende Gesellschaft. Quellen und Dokumente in vier Bänden. München, Kösel, 1970, Dritter Bd., S. 12f.
3 Vgl. Franz Boblenz, Die Vorgeschichte der Weimarer Bibliothek bis 1691, in: Michael Knoche (Hg.), Herzogin Anna Amalia Bibliothek – Kulturgeschichte einer Sammlung. München und Wien (Stiftung Weimarer Klassik bei Hanser), 1999, S. 35f.
4 Heinrich Leonhard Schurzfleisch, Notitia Bibliothecae Principalis Vinariensis iussu ducis serenissimi Wilhelmi Ernesti conscripta. Wittenberg, Schroedter, 1712, S. 31.
5 Ders., a.a.O. S. 35f. (Die Übersetzung aus dem Lateinischen verdankt sich Herrn Jürgen Nitzsche, Weimar).
6 Vgl. Jürgen Weber, Die Herzogliche Bibliothek 1691-1758, in: Michael Knoche, a.a.O. S. 49.
7 Werner Deetjen, Johann Matthias Gesner und die Weimarer Bibliothek, in: Festschrift Armin Tille zum 60. Geburtstag (1930). Weimar, Hermann Böhlaus Nachfolger, 1930, S. 239.
8 Johann Matthias Gesner, in: Werner Deetjen, a.a.O. S. 241.
9 Ders., a.a.O.
10 Ders., a.a.O. S. 242.
11 C.W. Schneider, Leben und Charakter des seligen Herrn Bibliothekars Johann Christian Bartholomäi zu Weimar, Weimar, Karl Ludolf Hoffmann, 1778, S. 18f.
12 Ders., a.a.O., S. 32.
13 Jürgen Weber, Die Herzogliche Bibliothek 1691-1758, in: Michael Knoche, a.a.O., S. 60.
14 Geheime Canzley Acta, Die Aptirung des sogenannten französischen Schlösschens zu einem Behältnis die Fürstliche Bibliothec betr. 1760-1761, ThHStAW, B 9136, Bl. 1
15 Ulrike Steierwald, Die Herzogliche Bibliothek 1758-1832, in: M. Knoche, HAAB – Kulturgeschichte einer Sammmlung, a.a.O. S. 64ff., und maßgeblich besonders: Walter Scheidig, Zur Baugeschichte der Weimarer Bibliothek, in: Hermann Blumenthal (Hg.), Aus der Geschichte der Landesbibliothek zu Weimar und ihrer Sammlungen: Festschrift zur Feier ihres 250jährigen Bestehens und zur 175jährigen Wiederkehr ihres Einzuges ins Grüne Schloß,

Zeitschrift des Vereins für Thüringische Geschichte und Altertumskunde, Beiheft 23, S. 1-33.
16 Christian August Vulpius, Eine Korrespondenz zur Kulturgeschichte der Goethezeit, hg. von Andreas Meier, Bd. 1, Berlin/New York, Walter de Gruyter, 2003, S. 134.
17 Johann Wolfgang von Goethe und Christian Gottlob von Voigt, »Andenken«, in: Wolfenbütteler Beiträge, Bd. 9, hg. von Paul Raabe, Wiesbaden, Harrassowitz Verlag, 1994, S. 119.
18 Friedrich Carl Gottlob Hirsching, Versuch einer Beschreibung sehenswürdiger Bibliotheken Teutschlands nach alphabetischer Ordnung der Oerter, 4 Bände. Erlangen, Palm, 1786-1791, Bd. 1, S. 168.
19 Ders., a.a.O. S. 169f.
20 Johann Samuel Gottlob Schwabe, Selbstbiographie. Weimar, Albrecht Verlag, o. J. (1820?), S. 19.
21 Zit. nach Steierwald, a.a.O. S. 72, die von ihr zitierte Quelle sind die Regesten, ThHStAW, A 11616, Bl. 115-118ff. /Verlust.
22 Elise von Keudell, Goethe als Benutzer der Weimarer Bibliothek, hg. mit einem Vorwort von Werner Deetjen, Weimar, Hermann Böhlaus Nachfolger, 1931.
23 Deetjen, a.a.O. S. VII.
24 Ders., a.a.O. S. X.
23 Die Benutzungsordnung der Weimarer Bibliothek von 1798, mit einer Einführung von Konrad Kratzsch, Nationale Forschungs- und Gedenkstätten der Klassischen Deutschen Literatur in Weimar, Weimar 1990, S. 10f.
24 Konrad Kratzsch, a.a.O. S. 11.
25 Goethe an Voigt, in: Goethes Briefwechsel mit Christian Gottlob Voigt, bearbeitet und hg. von Hans Tümmler. Schriften der Goethe-Gesellschaft, Band 53-56, Weimar 1949ff., Band 2, Nr. 14, S. 48f.
26 Johann Wolfgang von Goethe, Sämtliche Werke, Bd. 27: Amtliche Schriften, Teil 2, hg. von Irmtraut und Gerhard Schmid, Frankfurt am Main 1999, S. 483f.
27 Michael Knoche, Die Weimarer Bibliothek und ihre Leser. Ein Streifzug durch die Geschichte der HAAB, Sonderdruck aus: Imprimatur. Ein Jahrbuch für Bücherfreunde. NF XVI-2001, S. 24.
28 Goethe an C.G. Voigt am 18. April 1798, in: Goethe, Weimarer Ausgabe (WA), IV. Abth., 13. Band, S. 120.
29 Goethe an Voigt am 30. Dezember 1806, a.a.O. IV. Abth., 19. Band, S. 249f.
30 Vermutung Dr. Michael Knoches, des Direktors der Herzogin Anna Amalia Bibliothek.

31 Gundolf Winter, Zwischen Individualität und Idealität: die Bildnisbüste. Stuttgart, Urachhaus, 1985, S. 16.
32 Gabriele Oswald, Die Plastiksammlung der Herzogin Anna Amalia Bibliothek, Diplomarbeit, Halle 1995. Die Büsten von Canova und Thorvaldsen befinden sich heute in den Museen der Klassik Stiftung Weimar.
33 Matthias Puhle (Hg.), Otto der Große, Magdeburg und Europa, Katalog der 27. Ausstellung des Europarates und Landesausstellung Sachsen-Anhalt, Mainz, Philipp von Zabern-Verlag, 2001, S. 298ff. Ausführlich: Betty C. Bushey, »Die lateinischen Handschriften bis 1600« im Zusammenhang der Bibliographien und Kataloge der HAAB zu Weimar, Wiesbaden, Harrassowitz Verlag, 2004, S. 55-60.
34 Biblia Pauperum, Apocalypsis, Faksimile von Fol. Max 4, mit Beiträgen von Rainer Behrends, Konrad Kratzsch und Heinz Mettke, Leipzig, Edition Leipzig, 1977, S. 50-59.
35 Vgl. Lea Ritter-Santini: die Bibliothek Carl Ludwig Fernows, in: Michael Knoche (Hg.) HAAB – Kulturgeschichte einer Sammlung, a.a.O. S. 91ff.
36 Goethe an von Voigt am 4. 8. 1809, a.a.O., 21. Band, S. 24. Erst vor kurzem gelang es Lea Ritter-Santini, den wissenschaftlichen Katalog der Fernow-Buchsammlung zu erstellen (er soll 2007/2008 erscheinen).
37 Christian August Vulpius, Eine Korrespondenz zur Kulturgeschichte der Goethezeit, hg. von Andreas Beier, Bd. 1, Brieftexte, Berlin und New York, Walter de Gruyter Verlag, 2003, Brief 244.
38 Goethe an von Voigt am 16. Mai 1817, a.a.O., 28. Band, 90f.
39 Die Benutzungsordnung der Weimarer Bibliothek von 1798 (mit einer Einführung von Konrad Kratzsch), Nationale Forschungs- und Gedenkstätten der klassischen deutschen Literatur in Weimar, Weimar 1990, S. 14.
40 Paul v. Bojanowski, Schiller und die Weimarische Bibliothek, in: Weimarische Zeitung Nr. 85, 9. 4. 1905, S. 2.
41 Paul v. Bojanowski, a.a.O. S. 13.
42 Diesen Zusammenhang liest man in hervorragender Darstellung in: Albrecht Schöne, Schillers Schädel, München, C.H. Beck Verlag, 2002.
43 Ders., a.a.O. S. 19f.
44 Ders., a.a.O. S. 20.
45 Max Hecker, Schillers Tod und Bestattung, Leipzig 1935, S. 149.
46 Goethe, Tagebucheintrag vom 24. 9. 1826, WA, III, 10, S. 247.
47 Goethe, Bei Betrachtung von Schillers Schädel, in: Hamburger Ausgabe in 14 Bänden, München, C. H. Beck Verlag, 1981, Bd. 1, S. 366f.
48 Albrecht Schöne, a.a.O. S. 72ff.
49 Ders., a.a.O. S. 55ff.

50 Gabriele Oswald, Die Porträtplastik, in: Michael Knoche, HAAB – Kulturgeschichte einer Sammlung, a.a.O. S. 98ff.
51 Goethes Werke (WA), III, Bd. 12, S. 116.
52 Eckermann, Gespräche mit Goethe in den letzten Jahren seines Lebens, hg. von Fritz Bergemann, Insel Verlag Frankfurt am Main, 1981, Bd. 1, S. 374f.
53 Bei Aufstellung der colossalen Marmorbüste Goethes von David zu Paris, in Grossherzoglicher Bibliothek zu Weimar, am 28. August 1831 (I.).
54 Am 28. August 1849, dem 100. Geburtstagsfeste Goethe's. Denkschrift, zusammengestellt von Christian Wenig, Weimar 1849, S. 11.
55 Diesen Zusammenhang erläutert: Julia M. Nauhaus, Die archivalische Überlieferung der Weimarer Goethe-Säkularfeier von 1849, in: Mitteilungen des österreichischen Staatsarchivs, Bd. 51 (2004, erschienen: 2005), S. 97-123.
56 Karl Große, Die Jubilarin im Großherzoglichen Bibliothksturm zu Weimar. Am 13. Juli 1871, in: Ders., Gedichte, Weimar 1887 (posth. hg.).
57 Max Hecker (Hg.): Die Briefe Theodor Kräuters an Eckermann, in: Jahrbuch der Goethe-Gesellschaft, 12. Band, Weimar, Verlag der Goethe-Gesellschaft, 1926, S. 272.
58 Ludwig Preller, Festrede am Säcularfeste Goethe's den 28. August 1849 (Bei der Einweihung des neuen Anbaues der Großherzoglichen Bibliothek zu Weimar), Jena, Frommann'sche Buchhandlung, 1849, S. 17.
59 Christian Wenig, Zum 28. August 1849, dem 100. Geburtstagsfeste Goethe's, Weimar 1849.
60 Cantate aufgeführt am 28. August 1849 zugleich zur Einweihung des neuen Anbaus der Großherzoglichen Bibliothek zu Weimar, Autor unbekannt.
61 Es waren nur noch 1000 bis 2000 Reichstaler pro Jahr, während in einer Bibliothek vergleichbarer Größe, etwa in Darmstadt, jährlich 10 000 Taler für Neuerwerbungen zur gleichen Zeit bereitstanden.
62 Dieser Zusammenhang wird hervorragend dargestellt bei Ingrid Arnhold, Die Großherzogliche Bibliothek 1832-1871, in: Michael Knoche, a.a.O. S. 108-118.
63 Adolf Stahr, Weimar und Jena. Berlin, Verlag von J. Guttentag, 871, S. 210f.
64 Ingrid Arnhold, a.a.O. S. 123.
65 Vgl. Doris Kuhles, Von der Reichsgründung 1871 bis zur Bildung der Thüringischen Landesbibliothek, in: Michael Knoche (Hg.), Herzogin Anna Amalia Bibliothek, a.a.O. S. 145f.
66 Doris Kuhles, Die Bibliothek zwischen 1871 und 1918, in: Michael Knoche (Hg.), Herzogin Anna Amalia Bibliothek, a.a.O. S. 147.
67 Werner Deetjen, Die Landesbibliothek in Weimar. Vortrag in: Zeitschrift für Bücherfreunde. N.F. 13 (1921), S. 10.

68 Vgl. Roland Bärwinkel, Die Thüringische Landesbibliothek 1919-1968, in: Michael Knoche, a.a.O. S. 171.
69 Vgl. Roland Bärwinkel, Die Thüringische Landesbibliothek 1919-1968, in: Michael Knoche, a.a.O., S. 168.
70 Handbuch der historischen Buchbestände in Deutschland, Bd. 21, Thüringen S-Z, Hildesheim-Zürich-New York, Olms-Weidmann Verlag, 1999, S. 107.
71 Vgl. Roland Bärwinkel, a.a.O. S. 166.
72 Vgl. Roland Bärwinkel, a.a.O., S. 186f. In der freundlichen Auskunft durch M. von Philipsborns Sohn, Prof. Dr. Wolfgang von Philipsborn, wurde der Zusammenhang anders dargestellt: Maximilian von Philipsborn habe sich im wesentlichen damit beschäftigt, ausgelagerte Bestände zurückzuholen und Konfiszierungen durch die sowjetische Besatzungsmacht zu verhindern. Daß er daher Bestände im Innern der Bibliothek separierte, könnte ein geschickter Schachzug seinerseits gewesen sein, dies wurde ihm im Grunde zur Last gelegt. Das kommunistisch dominierte Volksbildungsministerium in Weimar hatte 1948 vergeblich versucht, von Philipsborn rechtswidrig aus seinem Amt als Direktor der Bibliothek zu entfernen, ein Arbeitsgerichtsurteil verhinderte die Relegierung zunächst, doch wurde die fristlose Entlassung des Direktors durch unmittelbaren Befehl des Verwaltungschefs der sowjetischen Militäradministration in Thüringen, General Kolesnitschenko, im Dezember 1948 als politischer Willkürakt vollzogen. Bis zu seinem Ruhestand 1956 arbeitete Maximilian von Philipsborn in Westberlin, zunächst im Volksbildungsministerium, dann als Senatspräsident am Oberverwaltungsgericht.
73 Gertrud Meyer-Hepner, Das Bettina von Arnim-Archiv, in: Sinn und Form, Jg. 6, H. 4, Berlin 1954, S. 594-611.
74 Vgl. Michael Knoche, Die Weimarer Bibliothek und ihre Leser. Ein Streifzug durch die Geschichte der Herzogin Anna Amalia Bibliothek, Sonderdruck aus Imprimatur. Ein Jahrbuch für Bücherfreunde. NF XVI – 2001, S. 30.
75 Michael Knoche, Die Zentralbibliothek der deutschen Klassik 1969-1989, in: Ders. (Hg.), Herzogin Anna Amalia Bibliothek – Kulturgeschichte einer Sammlung, a.a.O. S. 207.
76 Michael Knoche, Die Bibliothek brennt – Ein Bericht aus Weimar, Göttingen, Wallstein Verlag, 2006, S. 16.
77 Durs Grünbein, Betrachtung eines vergesslichen Bücherfreundes, in: Die Herzogin Anna Amalia Bibliothek in Weimar. Das Studienzentrum, Hg. Michael Knoche, Berlin, Nicolaische Verlagsbuchhandlung, 2006, S. 92.

BILDNACHWEIS

Constantin Beyer, Weimar: 105, 106, 107, 108
Klassik Stiftung Weimar: 2, 8, 11, 14, 25, 29, 34, 39, 40, 46, 51, 53, 55, 65, 71, 72, 78, 101, 103, 114

Insel Verlag Frankfurt am Main und Leipzig 2007. Alle Rechte vorbehalten, insbesondere das der Übersetzung, des öffentlichen Vortrags sowie der Übertragung durch Rundfunk und Fernsehen, auch einzelner Teile. Kein Teil des Werkes darf in irgendeiner Form (durch Fotografie, Mikrofilm oder andere Verfahren) ohne schriftliche Genehmigung des Verlages reproduziert oder unter Verwendung elektronischer Systeme verarbeitet, vervielfältigt oder verbreitet werden. Bezugspapier: Werner Zegarzewski unter Verwendung des Supralibros mit dem Monogramm Anna Amalias. Gesetzt in der Schrift Minion. Gedruckt auf holzfreies, alterungsbeständiges, mattgestrichenes Papier der Papierfabrik Cordier, Bad Dürkheim, von Memminger MedienCentrum AG. Gebunden in Fadenheftung von der Buchbinderei Spinner, Ottersweier. Printed in Germany. Erste Auflage 2007. ISBN 978-3-458-19293-0

4 5 6 − 12 11 10